U0624904

高校图书馆智慧化管理与服务创新

谢硕研◎著

吉林出版集团股份有限公司
全国百佳图书出版单位

图书在版编目（CIP）数据

高校图书馆智慧化管理与服务创新 / 谢硕研著. --
长春 : 吉林出版集团股份有限公司, 2023.4
ISBN 978-7-5731-3178-2

Ⅰ.①高… Ⅱ.①谢… Ⅲ.①院校图书馆—图书馆管
理—研究②院校图书馆—图书馆服务—研究 Ⅳ.
①G258.6

中国国家版本馆CIP数据核字(2023)第087140号

高校图书馆智慧化管理与服务创新

GAOXIAO TUSHUGUAN ZHIHUIHUA GUANLI YU FUWU CHUANGXIN

著　　者　谢硕研
出 版 人　吴　强
责任编辑　孙　璐　王　博
开　　本　710 mm × 1000 mm　1/16
印　　张　7.5
字　　数　150千字
版　　次　2023年4月第1版
印　　次　2023年8月第1次印刷

出　　版　吉林出版集团股份有限公司
发　　行　吉林音像出版社有限责任公司
　　　　　（吉林省长春市南关区福祉大路5788号）

电　　话　0431-81629679
印　　刷　三河市嵩川印刷有限公司

ISBN 978-7-5731-3178-2　　定　　价　58.00元

如发现印装质量问题，影响阅读，请与出版社联系调换。

前　　言

高校图书馆作为信息服务共享的核心部门，发挥着服务、育人的重要作用。在网络信息高速发展的当今，高校图书馆向智慧图书馆的转型和发展将会更好地承载这个历史阶段赋予图书馆的使命，使高校图书馆的发展更加适应当今时代的发展。对于读者来说，高校图书馆向智慧化的顺利转型，将会提高图书馆在读者心目中的地位。无论图书馆作为物理实体空间还是虚拟信息共享服务平台，都将会成为读者最为信赖的信息服务机构，而在互联网信息高速膨胀、各种智能技术不断涌现的当今社会，发展智慧图书馆仅仅是第一步，也是最为关键的一步。传统高校图书馆只有深刻地认识到目前诸多弊端，积极地向智慧图书馆转型，改革高校图书馆的管理机制，创新服务，重新激发高校图书馆的生机与活力，才能更好地履行高校教书育人的职能。

本书分为五章。第一章是高校图书馆的总体论述，内容涉及高校图书馆的定位与重要意义、高校图书馆的核心价值及其发展趋势。第二章从高校智慧图书馆的内涵阐释、高校图书馆智库建设与管理、高校图书馆智慧转型中的管理问题与对策、基于集成管理的高校图书馆联盟特色数字资源区域性整合等方面探讨了高校图书馆智慧化管理。第三章研究的是高校图书馆信息服务的创新发展，重点分析了高校图书馆信息服务的现状、高校图书馆信息服务创新的理论基础以及高校图书馆信息服务创新的有效路径。第四章对大数据时代高校图书馆的信息服务创新进行研究，主要围绕大数据对高校图书馆的影响、大数据时代高校图书馆信息服务面临的问题、大数据时代高校图书馆信息服务的创新策略展开论述。第五章是对智慧时代高校图书馆服务创新进行研究，主要包括高校智慧图书馆的服务现状及优化对策、智慧时代高校图书馆服务的创新与发展、智慧时代高校图书馆阅读推广服务创新等内容。

本书在撰写过程中，参考了诸多学者和专家的著作或论文，受益匪浅，在此表示诚挚的谢意。由于作者水平和时间有限，本书粗糙拙浅之处在所难免，恳请广大学者和同行予以谅解，批评指正，以待进一步一早兀吾。

谢硕研

2021年8月

目　录

参考文献 ……………………………………………………… 109

第一章　高校图书馆概述

第一节　高校图书馆的定位与重要意义

一、高校图书馆的定位

（一）高校图书馆的性质

高校图书馆既不是一个独立的教学机构或学术机构，也不是一个行政机构或单纯事业性的服务机构；既不是一个以收藏为主的藏书楼，也不是一个以文化普及为主的文化馆，而是为教学与科学研究服务的学术性机构。这种定义较为全面、准确地概括了高校图书馆的性质。高校图书馆的服务是一种专业性、学术性很强的服务，从服务内容、服务手段到服务方法，无不反映它的学术性质。高校图书馆的服务性和学术性是互相渗透、互相统一、紧密联系和不可分割的。

按照馆藏文献范围划分，高校图书馆大体上分为两类，即综合性的图书馆与专业性的图书馆。综合性高校图书馆和师范院校图书馆属于综合性的图书馆；多科性理工科院校图书馆和单科性院校图书馆基本上属于专业性的图书馆，只是在专业的范围上有所区别。

（二）高校图书馆的特点

尽管高校图书馆的类型不尽相同，但是它们有着共同的特点。

1. 读者需求的稳定性

高校图书馆服务的主要对象是教师与学生，他们对教学图书的需求特点是由教学工作的特点决定的。高等学校教育的重点是系统培养大学生的专业知识和专业技能。学校的专业设置、教学计划与课程内容体系都是相对稳定的，这就决定了读者需求的稳定性，尤其是对专业核心课程教学的主要参考书的稳定需要。

2. 读者用书的集中性和阶段性

高等学校的教学工作按教学计划和教学大纲进行，具有统一的进度，这就很容易造成读者用书的集中性，具体表现为用书时间的集中性和用书品种的集中性，导致文献保障的暂时紧张状况。同时，教学工作是分阶段的，开学、上课、考试、假期，一个阶段接着一个阶段有节奏地展开。读者对文献的需求也呈明显的阶段性，在不同阶段，读者对所需文献的种类、范围和难易程度都有显著的差别。

（三）高校图书馆的组织结构

1. 采访部

采访部主要是根据学校的发展目标、教学科研的需要、经费预算情况等，制订文献信息资源建设方案，具体进行文献的选择、采购、征集、交换和验收等工作，逐步建立具有本馆特色的馆藏体系。

2. 编目部

编目部的主要任务是按照一定的规范和标准对采集的文献信息资源进行及时分类、编目等，组织本馆各种目录，建立馆藏目录体系，为读者提供多种检索途径来获取信息资源。这些工作是文献组织和传递工作的基础。

3. 流通部

流通部负责读者借阅证的办理、文献外借、馆际互借、预约登记、文献催还、文献宣传、书库管理、读者借阅记录维护等业务，并根据图书馆规章制度对文献过期、损毁、丢失等情况进行处理。

4. 阅览部

阅览部提供图书或期刊的馆内阅读、宣传展览、阅览辅导等服务。图书馆可以根据实际情况设立多种形式、不同功能的阅览室。

5. 期刊部

期刊部负责期刊的采购、编目、流通和阅览等工作。如果不单独设置，则归并到具有相应职能的部室。

6. 技术部

技术部负责现代化技术在图书馆的应用，维护图书馆自动化管理系统、数据库系统的正常运行，提供网络服务的技术保障，进行数字化图书馆系统的开发和研究。不同性质、不同规模的高校图书馆的组织机构会有所不同，业务范围和名称也会有所不同。同时，图书馆正在向文献资源种类多样化、信息传递网络化、文献利用共享化的方向发展，传统的服务模式已很难适应时代的需要，其组织机构也将面临新的变化。

二、高校图书馆对高校发展的重要意义

（一）高校图书馆的研究职能不断强化，成为高校的"学术性机构"

高校图书馆是高校中一个非常重要的学术机构，同时也是实践性非常强的

服务部门，是学术性与服务性并存的机构。为了适应目前高等教育的变革，研究职能将在高校图书馆中起核心作用，是推动高校图书馆不断发展的催化剂。高校图书馆将开展学术研究作为任务目标，提高馆员的综合素质与配置标准，推进高校图书馆对具体业务工作的研究，不断改进并提高业务能力，使文献整序更加规范，服务更有效，办馆效益更高，进而充分发挥其情报职能、信息职能、教育职能，为发展高等教育提供文献资源保障。

（二）高校图书馆的服务强调个性化

用户对图书馆服务需求趋于个性化和专业化。个性化服务具有量体裁衣的特点，比较适合提供给不同类型的用户群体，如有深层次及特殊服务需求的研究人员、教师与学生，担任重要研究项目的教授及位于重要职位的需要决策信息的管理者等。所以，高校图书馆应该更多地根据自己的服务宗旨与原则，根据服务对象的基本情况、服务对象的信息需求倾向、服务对象利用图书馆的个人习惯等特征，通过先进的技术手段及针对性更强的信息产品，为用户提供一种直接而又高效的个性化服务，使用户的工作、研究更加富有成就。

（三）高校图书馆的服务更加专深化

当今社会，知识更替速度非常快，千变万化，日新月异。高校图书馆向读者提供的服务不再是简单的信息罗列，如整理原始文献、报道静态信息等，而是更加专深化，通过对拥有的大量信息资源，利用现代化的信息服务手段，进行选择、比较、甄别、分析与研究，选择最基本的、最重要的，并力求将最基本的、最重要的知识通过深层次的分析研究内化为信息产品，以新的文献形式提供给用户，向用户提供全方位的智能化的信息服务。

（四）高校图书馆成为高校的"主课堂"

"创造性教育"使教育方法从以教师为中心转向以学生为中心。现代化教育手段使教育媒体趋向信息化，使以课堂讲授为主的教学方式转变为以学生使用信息手段主动获取信息知识为主、教师指导为辅的教学方式。学生通过到图书馆阅读书刊、检索数据库、在网上查找资料、使用多种工具书查找文献资料等方式，获取大量的信息资源，进而有效培养自己的自学能力、研究能力、表达能力和思维能力。高校图书馆通过文献信息对学生读者进行全社会性的、全知识性的教育，有效扩展了教育的开放度，成为高校开展教育的"主课堂"，而不是"第二课堂"。

（五）高校图书馆成为终身教育的重要机构和场所

高校图书馆和其他各种类型图书馆一样，藏书非常丰富，门类也十分齐全，任何专业的学生都能到图书馆读书学习，成为图书馆的受益对象、服务对象、教育对象。高校图书馆是终身教育的重要机构和场所，对学生读者的服务是对学生读者进行教育，这种教育是学校教育无法比拟的。

（六）高校图书馆成为高校教学与学习资源的供应站

高校图书馆是高校建设的重要基地，是一个巨大的资源中心、知识中心和信息中心，它在形成学生基本技能，授予系统知识，提高学生质量，完善知识结构，发展学业智力，培养学生学会学习、善于学习、终身学习的习惯和能力，培养学生创新意识与创新能力等方面具有特殊地位和重要作用。高校图书馆在藏书建设方面，除了需要配合新的教学计划、教学大纲、教学进度组织藏书以外，文献收藏也应该更具专业性和多样化，为高校提供丰富有益的教学资源，包括传统印刷型文献和电子出版物、多媒体教学辅助系统及网络资源（如高校图书馆可以自己动手设计、开发、制作媒体教学辅助软件，为提高教学效益服务）。此外，高校图书馆应该协同学校、教师，为学生提供一个良好的学习环境，这个学习环境就是一个学习资源供应站，它包括学习场所、各种可供学习查阅的资料、可供利用的设备、信息资源利用指导服务和指导阅读、咨询的馆员。这个"供应站"肩负着传播新知识的重任，馆员既要包装和加工信息，也要身兼教师职责，具备多种能力。

第二节　高校图书馆的核心价值及其发展趋势

一、高校图书馆的核心价值研究

高校图书馆在学校的发展过程中占有重要地位，高水平办学离不开图书馆教育资源的支持，图书馆为教学和科学研究提供支持和保障。如何发挥高校图书馆的作用，实现其核心价值，是高校图书馆工作应该研究的课题。

（一）高校图书馆核心价值基本内涵

高等学校图书馆是学校的文献信息资源中心，是为人才培养和科学研究服务的学术性机构，是学校信息化建设的重要组成部分，是校园文化和社会文化建设的重要基地。高校图书馆要适应学校发展的需要，充分发挥其核心价值作用，体现其教育职能和信息服务职能。图书馆核心价值，就是图书馆这一事物所具有或所能具有的最重要的社会价值。因此，高校图书馆核心价值就是指高校图书馆所承担的最重要的社会责任与使命。

1. 集中存贮文献和传播知识，是学校发展的质量基础

图书馆自诞生之日起，就承担着重要责任与使命。通过集中存贮文献、有序加工和传播知识，实现图书馆核心功能，这是集中有序利用文献的基础。高校图书馆要发挥教育职能和信息服务职能，要根据学校的教学任务，贮存丰富的教学参考书以及专业书籍，这是高校图书馆与其他系统图书馆的不同之处。高校图书馆在学校的发展中应该发挥集中贮存文献、传播知识的积极作用，实现思想交流和文化交流，促进广大师生学习知识、应用知识和创造知识。

2. 支持教学和科学研究，是学校发展的重要保障

教学和科学研究是高校的主体工作，为了保障高校教学和科学研究任务顺利完成，高校图书馆必须为师生提供专业的、前沿的文献资源，合理配置现实的馆藏资源和虚拟的馆藏资源，满足师生对专业文献的需求，使文献资源得到充分利用，充分发挥图书馆的作用，提高高校图书馆在信息服务领域的核心竞争力。

3. 发挥信息资源和信息服务优势，为广大师生精准服务

近些年，高校图书馆的服务方式逐步在发生改变，传统图书馆的馆藏纸质文献资源向网络信息资源发展，高校图书馆根据学校的办学特点和学科专业特色，合理地开发和利用网络信息资源，为师生提供优质的网络服务和学科服务。这也是高校图书馆在不断适应时代需求的过程中，对自己核心价值做出的新诠释。

（二）高校图书馆核心价值体系构建

研究高校图书馆的核心价值体系构建，要根据高校发展的需要，通过客观分析，找出最核心的部分，实现图书馆的责任与使命。

1. 存贮专业文献，满足教学和科学研究的需求

高校图书馆承担着服务于高校教学和科学研究的双重任务，通过对文献的存贮和加工，实现为师生提供知识信息服务。

满足教学需求。师生对图书资料的需求量很大，如教学参考资料、专业文献等；在某一时间内学生需要特定的教学参考书，有时还特别高度集中；本科生和研究生在撰写论文时，更需要学术期刊、研究报告等。信息资源要通过精心筛选，才能达到服务于教学的良好效果。

支持科学研究。科学研究需要前沿专业文献，图书馆应该满足这样的需求，

尽可能地存贮相关的文献资料。文献资料要具备学术性、创新性和先进性。信息更新和科学研究进展速度非常快，科研人员需要及时把握学科的发展趋势。高校图书馆就要满足科研人员的需求，对科学研究提供最新的文献资源支持和保障。

2．为保障广大师生获取知识提供优质服务

高校图书馆是教师和学生获取知识的中心，它通过系统收集、保存和组织文献信息，实现传播知识、传承文明的功能。高校图书馆必须做到保障所有师生都能利用文献资源并为他们提供优质服务。

提供咨询服务。高校图书馆的咨询服务，包括日常咨询服务和网上咨询服务。高校图书馆要更新服务理念，展示图书馆馆员的专业水平，做到态度和蔼、细致耐心地回答师生咨询的有关网络平台使用、文献检索与利用、各种文献资料的查询和其他事项的具体问题等。

参与教学服务。高校图书馆要在教学方面提供一切支持，始终做到为教学服务。提供各种教学使用的设施，如多媒体视听室、电子阅览室和研讨室等；参与课程设计，了解学科对文献信息的需求；从而对教学工作提供支持；参加学校的教学会议，与教学工作紧密联系，准确把握教学对资源信息的需求；支持远程教育等。

提供学科服务。每一所高校都有自己的学科专业特色，广大师生在教育和专业领域的文献方面，对信息的需求有很强的针对性。这就要求馆员不仅要具备管理和服务技能，而且要具备多学科的知识结构。只有这样，才能不断提高信息服务能力，为师生提供精准的教学科研信息。

3．高校图书馆应该承担社会责任

高校是教书育人，为社会培养人才的重要阵地。高校图书馆是学校的文献信息资源中心，是支持高校办学的支柱之一，肩负着培养高素质人才的重要责任。

高校图书馆能够提供文献信息资源和优质服务，是大学生学习和获取知识的重要场所；图书馆具有良好的学习氛围，有利于学生学习，且对大学生的思想政治教育起着引导作用；引导大学生多读书，读好书，可以开启大学生的智慧、培养大学生的兴趣爱好；对大学生品行的塑造，正确的世界观、人生观和价值观的培养，文化素养的形成能起到积极的促进作用。

高校图书馆作为高校文化与学术信息最为集中的前沿阵地，必须利用好教育资源，发挥其知识育人、服务育人、管理育人和环境育人功能，为不断提高用户的文化素养发挥作用。

（三）实现高校图书馆核心价值的途径

高校图书馆在学校的发展过程中发挥着重要作用，实现高校图书馆核心价值的途径有以下几方面：

1．坚持以人为本、平等服务的原则，为广大师生服务

人是应用知识和创造知识的主体。教师和学生作为高校的主体，是图书馆最主要的服务对象，为广大师生服务是图书馆的主要任务。平等服务是图书馆工作所遵守的服务原则，"一切为了学生"是高校"以人为本"的管理理念。高校图书馆是一个开放的知识与信息中心，平等服务是图书馆为广大师生学习和科学研究提供的最坚实保障。

为学生提供良好的学习环境是高校图书馆的特有功能。图书馆能为学生提供一切学习的便利条件，建设清新、安静的学习区，让广大学生遨游在知识的海洋，实现人生的价值。

为教师和学生提供相关的文献支持。学生撰写研究报告、毕业论文，教师进行科学研究都离不开查阅文献资料。文献资源要有一定的针对性，要有广度和深度。为了满足师生的需求，高校图书馆要提供有效利用的信息资源。开发和利用好新媒体环境下的信息资源，是高校图书馆的主要任务。

2．建立健全的图书馆制度，为师生共享文献资源提供保障

为了保障师生获取信息资源的权利，必须为他们提供相应的制度保障措施。主要包括图书馆管理制度、工作人员制度、阅读制度等；图书馆各部门之间的配合，各项业务及行政工作之间的衔接，必须建立健全良好的工作制度和岗位职责，才能使图书馆工作顺利完成。

完善各项管理职能。图书馆的管理职能包括决策职能、计划职能、组织职能、协调职能、控制职能和创新职能等。图书馆工作需要有一个良好的运行体系，各个环节需要互相联系、互相协调、互相制约，保证任务的完成。

建立平等的服务制度。图书馆在知识领域处于重要地位，倡导平等服务，体现了平等与公正的社会主义核心价值观。信息资源人人共享，图书馆通过存贮大量的文献资源支持教育，建立健全平等的服务体系，确保师生能够获取信息资源。图书馆平等服务要做到建立公平服务制度、实现个性化服务、关注弱势群体。

3．结合当今社会的特征开展活动

目前，高校图书馆已经由传统图书馆转变成综合性、多功能性的图书馆。结合当今社会的特征开展多样的文化活动，能够营造文化氛围，发挥图书馆的教育功能，对大学生素质教育起到良好作用。

开展读书活动。读书是大学生汲取人类文化的精华、陶冶情操、净化心灵的主要途径，也是大学生拓宽知识、认识社会、了解生活的基本方式。结合当今社会的特征，开展形式多样、内容丰富的读书活动。在每年的世界读书日来临之际，设定读书周或读书月，开展一系列读书活动、图书的宣讲活动、咨询服务活动，激发学生的阅读热情。

开展学术交流活动。学术交流是研究者将某一专业的研究经验和成果与学习者进行分享,是传播知识和交流经验的过程。高校图书馆是大学和社会的文化前沿,开展学术交流活动可以引领学生了解学科发展方向和专业前沿动态,学术交流能够增强学生的学习兴趣,增加学生的学习动力,对校园文化建设起着积极的促进作用。

4. 提高馆员的业务水平

图书馆工作作为专业化职业,要求馆员必须经过图书馆学专业知识、技能和职业精神培训。图书馆职业是以最大程度促进人类知识交流与利用的职业。专业化的图书馆职业包括三大活动领域:实践活动、研究活动和教育活动。相关研究者认为,21世纪的图书馆要从管理理念、业务管理、管理方式和管理技术等方面进行变革。

提高专业水平。随着信息化、网络化、数字化等新技术的迅速发展,传统图书馆人员的专业技能已经不能满足广大师生的需求,图书馆馆员必须不断提高知识水平和专业技能,通过学习网络、通信、数字等先进技术,提高数字信息资源建设、个性化服务、自动标引等水平,熟练掌握现代信息技术,最大限度适应师生的需求。

提高管理水平。管理是指一定组织中的管理者,通过决策与计划、制度与法规、组织与人事、控制与协调等环节,运用人、财、物等要素,以高效的方式实现组织目标的动态过程。高校图书馆要制订科学的管理办法,根据学校发展目标制订图书馆发展规划。建立健全的规章制度,不断完善业务规范和考核办法,改进和优化业务管理水平,保障图书馆工作良好运转。

提高服务水平。随着信息技术和网络技术的快速发展,高校图书馆服务应该从服务方式、服务内容、服务手段等方面做出相应的改变和调整,提高馆员的服务意识,拓展服务领域,不断改进工作方法,创新服务模式,提高服务效益和师生的满意度。

二、高校图书馆的发展趋势

(一)文献资源数字化、虚拟化

随着高新技术的迅猛发展,传统的图书馆已经远不能适应文献数量的快速增长。计算机、多媒体、通信网络等现代化技术的应用及电子出版物的出现转变了人们传统的文化观念,改变了以往图书馆藏书"大而全""小而全"的模式。现在人们更注重从图书馆获取信息(包括网上信息)的能力。馆藏由文献资源建设向信息资源建设转变。其中数据库是网上最为重要、最丰富的资源,建设数据库是实现图书馆自动化、网络化的基础工作。把馆藏文献资源转化为网上可供利用的资源，及时进行数字化、电子化处理，形成丰富的电子信息是图书馆发展的必然。文献资源数字化是虚拟化的基础。在网络环境下，图书馆信息资源不仅是本馆拥有的馆藏物理实体，而且是馆外网络上的信息资源。通过网络，图书馆能够拥有远远超出实际馆藏的信息资源。这样，用户便只需一台与互联网连通的计算机终端就能够使用数字化信息，而不必像以往一样到图书馆索取信息。

（二）馆藏资源特色化

21世纪，高校图书馆的文献资源建设目标不再是积累大量的文字文献，建设大书库，而是逐步实现资源的数字化、特色化。办学水平较高的高等学校都拥有自己的重点学科与特色学科，高校图书馆在建设本校重点、特色学科的专业文献资源数据库的时候，应该筛新剔旧，建立完善的特色馆藏数据库。只有形成本馆的特色，才能在网上占有一席之地。在专家指导下进行两次甚至三次文献的编制开发，使特色文献资源得以充分利用。此外，在整合原有文献资源的时候，应该密切关注信息源及信息发布者的最新动态，加强文献资源的采访与搜集，为新的重点学科与特色学科提供新颖、充实的文献。

（三）信息资源社会化

在信息时代，知识信息是彼此交互和共享的，服务对象是面向全社会的，馆与馆之间是相互开放和融通的，因此，高校图书馆应该变被动服务为主动服务，除常规为师生提供服务外，还应为全社会广大民众、企事业单位提供无偿服务和价格合理的有偿服务，推动高校图书馆事业的发展。

（四）服务现代化和个性化

图书馆的服务方式总是和科技进步、时代发展紧密相关并与之相适应的。在网络环境下，现代化服务主要以数字化信息服务为主，主要体现在以下两方面：

（1）数字化参考咨询服务。为读者提供有效快捷的参考咨询工作历来是读者服务内容中的核心之一。数字化参考咨询服务主要有基于电子邮件、实时交互技术、网络合作技术三种形式。

（2）个性化服务。所谓"个性化服务"，就是以用户为中心的服务方式，始终体现着"以人为本"的服务理念，即根据用户提出的明确要求，或者通过对用户个性、习惯的分析而主动向用户提供其可能需要的信息和服务，也是培养个性、引导需求的服务。例如，邮件催还服务、入藏新书邮件推送服务、图书预约续借服务及科技查新服务等。

第二章 高校图书馆智慧化管理研究

第一节 高校智慧图书馆的内涵阐释

一、高校智慧图书馆的内涵及特征

（一）高校智慧图书馆的内涵

智慧图书馆无论是其自身的内在数字还是外界建筑均呈现出相应的智慧化服务，根据部分信息资源可知，其能够给予类似于推荐等智慧性的服务，通过科学技术，使用户直接接触资源，从而实现智慧化服务。智慧性、个性化、高效以及形式丰富的服务能够由智慧图书馆提供，以此体现出以人为本的宗旨。智慧图书馆与数字图书馆之间相辅相成，前者是后者的未来趋势，后者是前者的根本。

（二）高校智慧图书馆的特征

智慧图书馆是新型图书馆，其建立在物联网、互联网、数字图书馆基础之上，智慧图书馆的精髓所在便是实现由知识服务向智慧服务的提升转变。智慧图书馆的特点以及高校图书馆的智慧性通过虚拟服务到建筑实体均有所呈现，包括五大特征。

（1）智慧建筑。大致包含图书馆的服务设施以及外界建筑等内容。为了完成智慧化管理功能，即设施的监控、管理与分析等，即能够很快地监测并管理设备的实时状态，其可在检测、安防、照明、监控等设施中安置传感器装置，建立了基于物联网技术的图书馆建筑智能系统，实现智慧化管理和控制，以此实现建筑主体之间的连通。

（2）智慧感知。为了完成相应的智慧化功能，即深层感知、传送、抓取与捕捉等，基于物联网根据图书馆内部的数据，如实体资源、信息等内容，采取类似于红外感应器等感知设备以及射频、智能机、计算机等识别装置，并且完成了不受物质、区域以及时段限制的互通，这是通过网络技术达到的感知终端设备连通。

（3）智慧管理。完成更合理的工作环节与工作任务，从本质上达到智慧化管理，以及约束图书馆职员的工作行为，能够将正确及时的管理指令传达给馆员，图书馆除了可以展开搜集、加工与整合虚拟信息和互联实物之外，还能对日常维护、馆员、读者用户、图书信息、硬件设备等进行整体管理。

（4）智慧服务。由服务内容和服务方式两部分构成了图书馆服务智慧化。为了让图书馆的服务效果、服务手段、服务内容与服务方式等得到优化，以及让用户体验个性化、立体、准确、全方位与全面的服务，将重心放在读者用户身上，除了结合相应的先进信息技术，结合实际情况给予用户智慧化服务，使用户自身的需求得到满足之外，还有互通独立事务系统，建立智慧服务系统，包含决策机能、管理事务、处理事务等功能，使得图书馆的现实行为与虚拟行为相辅相成。

（5）智慧沟通。为了达到资源共享与信息互通的目的，智慧化图书馆提供沟通服务，如文献间信息等，并且为了完成不受时间、地点限制的智慧化互动沟通，可以利用多种信息技术，感应与通信设备，形成基于物联网的智慧通信沟通系统。

二、高校智慧图书馆的发展历程与功能定位

（一）高校智慧图书馆的发展历程

古代的图书馆与当前的图书馆具有一定的差异，我国当前知晓且保存下来的古代私人图书馆即明代范钦的藏书楼"天一阁"，它是典型的私人图书馆，重点突出"藏"。从宏观角度来说，我国在周朝就开始出现图书馆了，而国外的图书馆则起源于4000年前，可以说，图书馆在历史的长河中已经留下了不可磨灭的痕迹。然而只有从近代开始，图书馆才展现了具有现代特色的知识传播与服务的作用，智慧图书馆与自动化图书馆的产生离不开互联网与数字技术的发展。

数字图书馆具有极强的资源表现力，其资源信息表现形式丰富，如影音资料与纸质书籍，同时还具有数据库、光盘等存储介质以及多种存储形式，如存储技术、扫描技术、多媒体技术等，大部分是开展纸质书籍资源的数字化建设以及服务管理，而传统图书馆提供的是一种被动式的服务，用户进行借阅是其自身主要的服务形式，同时书籍拥有各自的编号，以卡片检索作为检索方式，发挥着收藏书籍的作用；另外，由于移动互联网的优化升级，图书馆可以不限地区和时段等因素，拓宽了自身的服务范围，用户能够利用互联网访问数据库，获得移动资源。

与数字图书馆相比，智慧图书馆的功能更加全面，除了数字图书馆包括的功能，其自身还可以展开智能化与自动化服务，同时其宗旨是以人为核心，重点

突出图书馆的智慧化服务、决策与管理，利用互联网、人工智能、云计算与物联网完成个性化精准服务，形成虚实结合的情景，使得用户的体验感更加完美。

1. 传统图书馆阶段

传统图书馆是将书籍等纸质资料保存在指定的建筑中，这种存储方式的特点是将各种纸质文献以物质的形式进行保存，用户获得纸质资料的方式主要有两种：一是在图书馆内借阅；二是离开图书馆进行阅读。

从另一个角度来看，使用者获得了视觉上的满足，而且在此期间，用户是主动借阅的方式，传统图书馆处在被动的服务方式中。这种服务方式的弊端是用户在图书馆开放时间和地点上受到局限，而且受到很多情景和内外部环境的干预。这种服务方式揭示了传统图书馆的开设是把纸质的文献资料作为重点，但是却忽略了使用者的个人需求。图书管理人员把纸质文献放到书架上，特定的储存空间有限，更何况曾经的储存环境不好，因此可能产生纸质资料损坏变质之类的情况。

传统图书馆中的管理人员在一定程度上来讲也不是现在所谓的全能复合型人才，主要负责的工作是文献资料的归纳整理。在此期间的传统图书馆模式契合当时需求者们的阅读状况，然而借阅归还效率很低的问题也会出现。

2. 数字图书馆阶段

自数字图书馆出现以来，通过射频识别等智能技术的支撑，完成了自助借阅、归还、查找、整理、定位图书资料等各项管理工作，此时的图书馆在个体管理和提供服务的效率上都得到了显著的提高。

数字图书馆阶段资料的表现方式逐渐具有多样性。一方面，数字图书馆利用相对流行的数据存储技术、多媒体技术和互联网技术，完成了纸质资料的数字化改造，让用户享受视听体验；另一方面，数字科技的使用让资料的储存形式产生改变，这种情况让数字图书馆的存储资源数量激增。

在数字图书馆阶段，使用者可以在不受到地点影响的情况下获得图书馆资源，利用移动客户终端实现移动借阅，因此，这个阶段的使用者接受的服务方式实现了从被动接受到主动阅读的变化，然而此阶段图书馆仍然把资源的建设作为重点，过于重视资源的数量，却忽略了使用者的场景感知和使用感受。

3. 智慧图书馆阶段

智慧图书馆的产生既响应了现阶段"智慧"发展理念的潮流，也是为了满足使用者与日俱增的阅读需要，利用虚拟现实科技、互联网科技、物联网科技等构建的多维空间完成了数据资料的虚拟化和信息化。智慧图书馆可以利用中心科技给使用者带来逾越时间和空间的视觉甚至触觉感官上的享受，将"以人为本"作为其服务宗旨，在模拟现实的虚拟空间之中，使用者实现了进入图书馆自由。

（二）高校智慧图书馆的功能定位

高校智慧图书馆不需要考虑时间和空间的制约，用户可以以多种方式得到图书馆中的资料。用户可以利用手中的手机以及电脑等智能联网设备进入图书馆的资源库，这相当于图书馆全天都可以为用户提供实时服务。用户需求具有较强的个性色彩和特定目标，其满足程度同用户自身的价值观念有着比较密切的关系，并在用户需求中处于支配用户需求行为的地位。用户在获取信息需求时，总是有一种以最小的努力获取最大收益的心理趋向，这种趋向使用户在获取信息时表现为舍远求近、弃繁求易的心理状态。把高校图书馆建设得更好是为了满足用户的这种心理状态，让用户可以不受时间和空间的限制，可以为用户提供优质的、智慧的信息资源服务，让用户在使用图书馆时可以随时随地享受到图书馆的服务。

高校智慧图书馆可以把隐藏在数据里的信息提炼出来，剖析用户到底需要什么，可以更好、更人性化、更便利地满足用户的多种需求。目前高校智慧图书馆的发展刚刚起步，正处于萌芽阶段。这种基本上依靠大数据和把大数据深度提炼分析的技术，本质上可以说是一种提供资讯的功能，或者可以说是利用互联网技术给用户提供服务的模式。

高校智慧图书馆有一些不可或缺的方式，如推荐系统，这种方式已经在业界得到了实际应用并且效果不错。推荐系统依靠智慧推荐命令，按照不同的需求使用户更加主动地获取信息，它会按照用户平时的偏爱喜好和实际借阅的资料创建模型，为用户专门打造非常智能的推荐方案，满足用户对各种不相同的资源的获取需求，以更好地分析出用户可能存在的需求，让用户更快地找到他们要找的信息，为用户创建出一个更加智能、更加人性化的图书馆。

第二节　高校图书馆智库建设与管理

一、高校图书馆智库建设概述

（一）智库的起源

从我国几千年的历史中可以看出，智库的发展历史悠久，智囊则是智库的前身。在古代，那种可以提供政策辅助的人被称为"幕僚"及"智士"等，与之相似的还有一些历史上比较著名的从事政治的人物，他们在后世发展中被称为"智囊"。从智库发展的时代背景进行深入探究，社会中的智者群体和当时国家的统治者之间出现一种契合状态，这就是智库文化能够得到继承和发展的基础。

但是仅从智囊的各种性质上来看，还不能称作现代意义上的智库。就算是在我们悠久的历史发展过程中，曾经出现了智库在传统意义上的雏形，可是在后期的发展演变中，其形态不断发生改变。这一点在魏晋时期有所发展的幕僚制上得到了很充分的体现。在历史长河中曾经出现过的类似于智库的其他形式都没有自己独立的意识，均不能称作"智库"。它们并不具备独立发展的性质，只是为统治者提供服务的人，具有不稳定的因素。这也说明了此时的各种形式跟现代的智库相比，有一定的区别，但是它在推动社会持续向前发展方面还是起到了一定作用。

（二）高校图书馆智库

1. 高校智库

在治理国家方面，不能仅仅依靠单一领域的知识，更需要智库中多领域、多层次的知识。由于我国各大高校本身就具有不同于其他机构的优势，所以高校智库可以在进行相关决策咨询的时候起到一些不可替代的重要作用，并被国内外的广大知名专家学者关注。

"高校智库"是在大学范围内比较重要的一个机构，基本上是由各大高校统一管理。而在其中进行研究的人员大多是高校内部的专业人才，也包含有部分外来人员。该机构想要持续运作，所需要的大量研究资金也是由各大高校统一批复，同时该机构在相关研究方面具有涉猎广泛的特性。我国各大高校进行的广泛的智库建设，对于培养学校内部的人才方面发挥着很重要的作用，提高了各大高校在社会中的竞争优势；与此同时，高校又是人才的聚集地，其具备的丰富学科类型能够和社会上发展较好的多种行业和产业高度融合，拥有大量与社会上或者政府机构在科技等方面进行合作研究的相关经验，同时起到了一定的作用。

2. 高校图书馆智库

通常意义上，高校图书馆智库是高校智库的子结构，在知识收集、分类、储存、利用等方面占据着重要地位。从高校图书馆智库建设流程上看，其就是一个知识的收集站、整理站、提供站，专业人员会对高校图书馆的知识资源进行分类管理。相关学者利用高校图书馆智库提供的信息资源，进行专业研究，将专业研究成果在图书馆智库永久地保存下去，成为今后提供咨询服务的更加高端的一种积累而成的知识财富。

而收集、分类、储存相关知识信息是世界各国图书馆领域的优势方面。高校图书馆覆盖学科领域十分广泛，近年来，图书馆也一直随着时间的推移而发展。它运用现代信息技术，实现了各大图书馆之间的馆际互借，这对于图书馆的藏书领域是一种有效的补给，还能够在这个领域中对更多的社会信息资源进行收集。

社会各界对于智库的建设都持有一种支持的态度，所以智库发展的相应理念也被社会上各行各业密切关注。在这一阶段，众多高校图书馆也已经积极地加入到智库的建设之中，这也是实现高校图书馆在发展过程中转型升级的有效渠道之一。

二、高校图书馆智库建设的必要性与可行性分析

（一）高校图书馆智库建设的必要性

1. 图书馆社会化服务的内在要求

随着人们自身信息意识的增强和适应终身学习的需求导向，各大高校进行直接管理的图书馆在人们的心中越来越受欢迎。除此之外，众多与科研有关的单位、机构对于高校资源的需求也越来越多，所以说实现资源共享是不可缺少的。高校的社会化服务职能是其重要的发展趋势，而图书馆已成为实现高校社会化服务功能的重要载体。

与此同时，在我国发展的当前阶段，现代化的智库建设已经发展到有史以来的高峰期。它能够满足我国现阶段的社会需求，也是我国可持续发展必须坚持走的一条道路。

2. 特色新型智库建设的理想选择

服务是图书馆的基本宗旨。高校图书馆亟待通过转型向前发展，这也是应对社会信息化发展的一大措施。

在大数据环境中，图书馆对于数据资源的重视程度比较高。这些社会现状也会使得智库与高校图书馆进行有效结合，通过分析各种发展中得到的数据，预测它的未来，并为其进行相关的决策参考。而在这一过程中，我国的智库与高校图书馆之间的融合是一种天然形式上的优势。在智库模式的构建中，对数据进行深度挖掘也是一项核心要求，同时在建设中发挥着重要作用。其中人员和资金缺一不可，且资金始终作为最重要的基础存在。

3. 高校图书馆的发展方向

图书馆在发展过程中一直以来都是遵循"用户第一，服务至上"的理念，所以图书馆需要为之努力的方向就是进行服务创新，使得读者获取各种信息的方式也能越来越与时俱进。所以目前最应该解决的就是图书馆怎样才能跟上脚步，适应时代与读者。高校图书馆作为一个资源的集聚地，更应该及时把握发展机遇，提升自身进行市场竞争的核心能力。

图书馆作为高校的重要部门，在进行智库建设的相关环节上有着其他部门不可比拟的资源优势。而它们应该在构建新型智库方面投入更大的力度，把相关

的信息服务系统建设得更加完善。同时，由于图书馆在社会各级决策的确定方面起着重要作用，在信息咨询方面提供相应的服务能力，作为一个全面的知识系统存在。各大高校管理的图书馆可以对现代的高新科技进行实际运用，通过这一过程的发展，为政府提供相关决策的参考服务。

（二）高校图书馆智库建设的可行性

1. 知识资源丰富

在推动高校主打的相关专业发展方面，图书馆在其中发挥着极为重要的作用，在知识储备的专业度上，智库完全没有能力和它相比较。而高校图书馆在各个方面都比较专业，还可以连贯起来，有利于高校智库服务能力的发展。

在高校图书馆的发展过程中，将传统馆藏文献资源转换为数字网络资源，并借助自身馆藏优势研发专题数据库，为高校图书馆构建理想化智库建设平台，以防其他智库建设中增加信息平台建设投入，从而节省成本，方便直接进行智库研究工作。

目前，各大高校管理的图书馆在进行建设资源方面有一定的长期积累，综合型的知识资源使得高校图书馆在发展过程中具备了为决策咨询提供更好、更优的信息服务能力。

2. 情报分析能力较强

高校图书馆是集图书馆、情报与档案等学科信息进行交叉管理的场所，其中图书馆学属于社会科学，而情报学则以科技为主，档案学以人文为主，图书馆工作则是三方面的融合。近几年，计算机相关技术不断发展，情报学知识及分析能力在高校图书馆显得尤为重要，甚至是未来图书馆工作必须具备的能力。在情报学领域，分析是重中之重，充分体现了情报的智囊团作用。而情报研究则涵盖了情报提炼以及对信息的加工处理，在综合分析与评价原生信息的前提下，为管理与决策提供可靠的情报保障。由此可以发现，在智库研究工作中，情报分析是重要构成形式。利用情报分析的优势技能，对于每个研究对象的发展前景进行准确的研究和预测，掌握其规律，为国家公共决策领域制定相关政策奠定了良好的基础。

图书情报机构长期承担着信息的存储、采集、加工等任务，拥有的知识服务产品比较多，如专题机构数据库、报告与知识库等。所以，在智库建设中，通过高校图书馆的情报分析部门长期收集的信息，为相关信息库、资源库等带来了极其重要的保障作用。因此，在高校图书馆智库建设中，情报部门发挥着非常重要的作用。总的来说，高校图书馆在构建新型智库过程中具备明显的优势，能够全面参与智库研究。

3．组织形式多样

智库把自身正在进行的相关项目研究作为研究的基础性工作，并以周期性向前发展，这种状态是在高校丰富的优秀人才资源、具有多元化综合能力的人才队伍的支持下形成的，使得组织成员的构成更加灵活、机动。高校图书馆在智库建设中，邀请专业研究人员参与其中，除了图书馆相关部门有固定馆员外，还可以根据项目发展现状实时调整人员组成，聘请外来人员也是可以选择的方案，所以在人才资源的合理使用方面，它比其他智库形式更高效，这也在一定程度上缩减了人力方面的成本投入，为项目管理创造了良好的研究条件。和官方的智库相比，高校图书馆智库研究有很强的独立性，由所属高校进行管理的图书馆智库有一些相对优势，它们的经费一般由高校承担，来源是比较充足的，这样就能在智库建设中进行相应的创造行动，因而研究成果的科学与独立性比较突出。

4．专业化程度较高

高校图书馆有自己独立的情报部门，情报研究对智库咨询发挥着非常重要的作用，能够在智库研究或信息数据库中提高情报研究产品的使用效率。高校在图书馆管理中，情报部门在进行相关研究工作的时候，可以明显地看出它具有持续发展的特性，还有一种对于未来发展的前瞻性。学者们在进行某一问题的持续研究过程中，通过高校图书馆可以获得丰富的专业资源。高校图书馆学科馆员及相关馆内工作人员会为学者开展研究提供专业的咨询服务，并且信息服务贯穿整个研究阶段，在课题结项或者取得阶段性成果后，高校图书馆馆员还会一直关注此领域问题研究，并且能够在决策者进行咨询的时候及时提供相关服务，重视研究的时效性、针对性、准确性。因此，在高校图书馆智库建设中，研究的深度、广度与长期性方面的优势更加明显。

此外，智库要想在当今社会有所发展，就必须构建起一个足够专业、足够广博的知识框架，为各级单位进行合理决策时发挥自身的辅助作用。众多高校图书馆已经发展了很多年，所以在创新等相关能力方面往往比其他机构有更明显的优势。

三、高校图书馆智库建设的内容与特点

（一）高校图书馆智库建设的内容

作为高校图书馆的重要组成机构，图书馆智库通过人、财、物的有效结合，在进行社会参与中发挥作用，同时为国家发展提供所需要的相关服务内容。它的构成因素主要分为五方面：第一，人员要素；第二，目标要素；第三，条件要素；第四，技术要素；第五，客户要素。因此，高校图书馆智库建设的内涵就

是要依靠高校的优势领域和人才资源，面向社会上的各个领域全面开放，把所掌握的理论知识与社会中的具体实践进行有效结合，充分发挥图书馆自身特点，实现图书馆服务转型，向综合性研究方向发展，促进智力成果在社会经济等领域的成功转化，使得国家地区、行业企业、科研机构、高校在进行决策时更专业、更科学。

（二）高校图书馆智库建设的特点

1. 各大高校图书馆都是以社会知识传播者的形象存在，它们在各自不同的领域内聚集着众多专业人才，所以在人才资源方面具有丰富的数量。在一些相关报告中可以看出：我国高校中汇聚了大部分社会中能力较强的科学主力与一些高校人才群体。由于高校内开设的各学科领域的专业人才数量日渐增长，高校图书馆在相关领域也不断增强其自身优势。而这个人才优势在高校图书馆智库的发展中作为一种强有力的支撑存在。

2. 一般情况下，高校图书馆的信息资源都是极其丰富多面的，它们大多是以高校图书馆实际采集的数据和社会中比较官方的数据为主。在互联网发展迅速的大数据时期，研究人员从多角度对其价值与意义进行相关的分析研究，判断寻找某些问题根源，并把解决问题的经验作为参考。各高校图书馆将研究成果聚集在一起，以校内数据库的形式进行保存，从而统一管理且合理存储于各高校图书馆，在增强研究成果数据安全性的同时，有效地保护研究人员的知识产权，广泛应用于智库服务之中。

3. 学科领域有很强的交叉性。各高校都有自己相对完整的学科设置，在这些设置的学科之间，存在着一种很强的互通性，而高校图书馆既可以充分利用高校的学科资源，又可以发挥自身在图情领域的学科优势。因此，在解决问题的过程中，高校图书馆能够运用不同的学科，将数据挖掘、数据分析与相关学科相融合，从跨学科角度得到有效的解决问题的方案。高校图书馆在培养各类人才，特别是在培养智库相关专业人才时，应该提升自身学术研究能力，合理扩大研究领域，综合运用多学科专业知识解决复杂问题。

4. 发展过程具有很强的独立性。图书馆作为一种公共文化服务机构，需要满足读者的公共文化服务需求，所有读者均拥有权利去获得图书馆提供的信息资源，这就决定了图书馆的客观独立属性。高校图书馆继承和延续了公共图书馆的独立属性，与近些年兴起的民间智库相比，高校图书馆智库有着明显的不同，具有相对客观性。社会经济的快速发展需要高校图书馆智库提供相对独立和客观的决策咨询建议。

四、高校图书馆智库建设的职能定位

（一）定位理论概述

1. 定位理论相关内容

定位理论学认为，对自身产品的市场定位属于一种创新性试验。对于市场的定位理论进行深入剖析和详细研究，这一切都建立在一定的市场营销理论基础上。在进行市场定位的时候，人们必须把各类潜在客户的喜好作为工作的前提，进行别具一格、富有深远意义与价值的产品设计，这就是市场定位的本质。在目标客户心中明确产品地位，其本质在于掌握目标客户满意度。产品的质量、定价、创新等定位，归根结底是为了满足客户需求。对于图书馆而言，也需要明确其服务定位，围绕服务对象的需求明确工作目标。

2. 定位理论的应用

国外有关学者认为，对产品要有定位，但不是说要在它的外形上进行改变，而是要重点关注其在客户心里拥有怎样的位置，便于客户在第一时间想到该产品，视为当前产品存在的创造性改变，这样一来就可以对现有产品进行外在形象上的改变，如更换外包装等。人们对于这种物品给予的定位，是指可以用肉眼看见的产品，也可以是一种看不见的、具有虚拟性质的产品。这一产品的变化并没有实际出现，主要改变的是客户对于该产品的感受，旨在提高目标客户对产品的认可度。

现今，各类高校图书馆在所属领域处于不断发展的状态，为了使其有更好的发展，就必然要求具备与其发展相适应的能力。随着社会的不断发展，各种新型技术的不断出现，以及互联网广泛发展造成的信息化在社会中的泛滥问题，各大高校图书馆对于各类人才用户的吸引力逐渐减弱，因此，高校图书馆在发展过程中亟须转型。就当前的发展形势来看，我国新型智库在社会上的建设与推广，给当前高校图书馆的发展提出了更加明确的目标，同时也带来了较大程度的发展机遇。这样一来，对高校图书馆转变自身原有的发展理念提出了更高的要求，高校图书馆需要深入研究，确立发展目标，承担应当具备的智库基本职能。通过对高校图书馆自身所具备的优势进行延伸发展，使得其自身的特点、优势更加鲜明和独特，从而增强高校图书馆的服务能力，提升高校图书馆的影响力。

在高校图书馆智库建设过程中，定位理论被广泛应用。高校图书馆智库为国家以及地区的政策制定提供科学建议；为工业、商业、农业等相关领域的企业带来丰富的信息资源和精准的市场分析；为科研项目、课题研究、科学研究提供包括科技查新、文献收集、理论分析等智力支持；为所属高校发展提供政策咨询、协助人才培养、搭建校内各学科交流的平台。

（二）高校图书馆智库职能定位的内涵

1. 高校图书馆智库职能定位是科学建设的前提

为了科学地建设高校图书馆智库，需要提前对服务对象进行细致分析，依据科研机构、行业企业等不同的角色定位，提供有针对性的智库服务。定位理论为高校图书馆智库建设工作提供了许多有意义的参考，"要打破传统思维，不断改善服务条件，明确服务定位，提高服务水平，回应用户反馈"。除此之外，高校图书馆在尝试建立一些相关的可以用于服务对象信息反馈渠道的基础上，通过自身的服务延伸，广泛收集不同类型用户反馈的建议，这也体现了在高校图书馆智库快速发展时期对职能定位的重视。同时，高校图书馆职能定位对其运用技术手段为用户提供智库服务提出了更高的要求，体现在高校图书馆应当尽到的服务职责，促进高校图书馆的服务转型。

2. 高校图书馆智库建设是职能定位的有效实施

高校图书馆智库职能定位是科学建设的前提，为其发展奠定了基础。与此同时，高校图书馆智库建设是职能定位的有效实施和具体应用，高校图书馆智库建设需要打造一支专业化的队伍，这支队伍能够为国家地区提供政策建议、为行业企业提供情报分析、为科研机构提供智力支持、为高校提供咨询服务，从而更好地服务于社会经济发展。高校图书馆智库的建设目标是为不同层面提供相应的智库服务，建立高校图书馆智库服务体系，完善高校图书馆智库管理模式。高校图书馆的智库服务延伸对智库职能定位的有效实施提出了新的要求，也对今后高校图书馆智库的发展起到了行动指南作用。

（三）高校图书馆在智库建设中的功能定位

详细考量智库的功能与高校图书馆的功能定位，不难发现两者之间具有一定的联系，同时也有一定的区别，而这两者的区别又恰好可以相互补充，弥补其职能缺陷。相同的是，智库与高校图书馆都是为科研以及决策提供智力支持的服务部门；不同的是，高校图书馆通过知识服务，为服务对象提供尽可能多的信息，帮助其服务对象"出谋"，而智库主要通过从不同学科对决策内容进行分析，为服务对象"划策"。通过对比两者之间的区别与联系，能够明确高校图书馆在智库建设中的功能定位，为高校图书馆与智库的关联、融合与嵌入提供了可能，这种关联、融合与嵌入成为高校图书馆智库建设过程中的关键要素。

1. 高校图书馆与智库的关联

首先，从两者的本质上来讲，高校图书馆一般面对的都是学术成果，对于这些大量学术成果的处理、加工等方面的工作也是最擅长的，从而源源不断地产生智库需要的学术知识信息；其次，对于决策者而言，高校图书馆挖掘、整理的情报、知识、信息等为决策的制定提供理论保障，智库则是通过发挥"知识众筹"效应为决策者提供决策研究和咨询，两者之间紧密相连；另外，两者的服务理念相同，均以客户需求为目标，以服务为价值导向。

目前，图书馆已经涉及诸如科技查新等智库工作范畴。因此，高校图书馆与智库绝不应该仅仅停留在相互补充的阶段，在发展过程中，两者之间的深度合作成为可能。单单是从我国智库建设领域的工作以及高校管理的图书馆自身想要得到发展来说，所涉及的领域是多种多样的，并进行交叉融合，这是在两者完成自身所拥有的功能和使命方面必须具备的基本要求。将其作为一种在决策咨询方面的支撑物质，同时加速成果的转化，与此同时，这些产生的情报产品在智库的建设发展过程中能够得到进一步的推广，两者相互影响和促进。

2．高校图书馆与智库的融合

"理论与实践双轨并行"是国家对智库建设的要求，可以有效解决高校图书馆信息服务偏重理论方面的研究，而在实践验证等问题上缺乏经验的问题。这在一定意义上对于高校图书馆的相关服务提供了引领发展的作用。高校图书馆拥有丰富的文献资源、专业的图书情报人才以及所属高校多元化的学科背景，在智库服务前端发挥作用，为决策提供最新知识及信息保障。两者之间的融合在各方面都有体现：第一，智库在建设过程中突出明显的情报属性，使得大众对于图书馆转型发展的观念愈加强烈；第二，智库生产的产品同时又是高校图书馆的知识库，继续储备相关内容；第三，智库想要有所发展，就要涉及战略性的相关功能作用，高校图书馆的介入可以推动智库资政启民服务的有效发挥。智库最应该实现的核心能力就是它的影响力，而其想要提高影响力，就必须将智库成果转化成的产品与它提供的相关服务质量进行大幅度的提升，这样才能更好地将高校图书馆与智库相融合，成为下一步高校图书馆智库建设的基础。

3．高校图书馆对智库的嵌入

在互联网技术飞速发展的时期，高校图书馆中传统意义的分析方法已无法满足未来智库所需要的相关需求，所以图书馆也需要在智库的研究工作中发挥自身的优势，实现图书馆与智库建设的有效融合。

首先，在智库建设阶段，高校图书馆可以为其提供相关的情报资源，构建一条与外界社会进行联系的途径，以智库建设中的保障者存在；其次，在智库研究方面，高校图书馆将其成熟的情报研究工具、方法、技术以及服务嵌入到智库的研究中去；最后，高校图书馆数据库资源以及数据库管理人员对智库工作的嵌入，是最基础的"图书馆+智库"联合服务模式。实际上，关联、融合与嵌入都是为了更好地建设高校图书馆智库，将高校图书馆与智库形成统一的整体，促进高校图书馆的服务转型，提升其服务质量。

（四）基于定位理论的高校图书馆智库职能定位

基于以上高校图书馆在智库建设中的功能定位，可以有效证明"智库+高校图书馆"的发展模式，同理，智库也可以有效嵌入高校管理下的图书馆中，同时借此优化图书馆提供的相关服务，从而进行发展，这也就是本文论述的高校管理下的图书馆智库。高校图书馆智库的独特机构设置使其在建言献策方面具有一定的专长，下面从政治、经济、科研以及服务等方面对高校图书馆智库的职能进行定位。

1. 国家地区层面的政策建议

众所周知，科技政策以科技视野发展方向与战略为主，与一定时期内本国科技重要发展政策联系紧密，通过制定科技政策，政府可以有效调节科技领域及其与社会、经济发展之间的矛盾。

高校图书馆智库要积极发挥人才与多元化学科优势，借助情报部门数据发掘网络分析优势，委托计量经济与管理科学等领域专家，对科技政策进行定量、可视化、成本收益与效益等方面的分析，进行定量与定性化相结合的研究，并融合经济、管理、统计、社会、政治与心理等学科领域。

2. 行业企业层面的情报分析

行业信息对行业内企业的发展至关重要。大数据时代，商业竞争中双方对抗的焦点就是信息战，商业竞争情报属于图书情报专业的研究领域，而高校图书馆在情报分析方面具有得天独厚的优势。因此，高校图书馆智库应充分利用其研究员的专业所长，深入跟进行业及企业的发展动向，并进行综合分析与研究，为行业、企业的重大决策提供信息咨询服务，以及对重大战略进行全程、全面分析和指导，综合其竞争情况、市场环境进行深入分析和研究，并且为它们的中长期发展进行预测，用所拥有的丰富信息资源对其发展进行支持帮助，使其在行业、企业的发展中发挥情报支撑作用，成为它们的资源库。

同时，高校图书馆智库要在企业前进发展中参与管理，提供"私人订制"智库服务，以智囊团的形式参与到企业的管理活动中去。一方面，专业的图书馆智库人员利用前沿的情报信息为企业决策提供科学参考；另一方面，实战经验可以有效弥补高校图书馆智库重理论轻实践的短板，同时更有助于智库研究人员捕捉市场规律、掌握市场需求。

3. 科研机构层面的智力支持

先进的科学技术是强国兴邦的主要推动力，前沿信息方面丰富的资源可以使科研机构在社会发展中的生存得到根本性的保证。这样一来，参与研究的科研人员只要掌握一定量的资源，就会使研究成果的价值有很大提升。

高校图书馆具备一个极为重要的优势，那就是其本身在各类文献信息资源方面有着很悠久的保存历史，相关学科划分细致，资源丰富，而且专业的科技查新人员能为科学研究提供可靠的参考依据。高校图书馆充分利用自身所具备的一切资源，在科研机构进行研究的过程中，为他们提供相关服务。这样就能够对图书馆馆藏文献进行资源的有效利用，对学科的相关服务范围进行扩展。而在我国大多数的高校中，智库的研究人员本身也是科研机构的研究人员，高校图书馆智库可以有效促进科研机构之间的项目联合发展。

因此，高校图书馆智库的另一重要职能就是始终坚持以用户的实际需求为出发点，发挥专业优势，以丰富的各类文献资源为基础，对信息情报方面提供一种快速有效的服务，为科研机构提供智力支持，同时作为第三方联络员，积极推进科研机构项目融合。

4．高校内的咨询与资源服务

（1）为所属高校的发展提供政策咨询

大数据时代，随着新兴行业与传统行业格局的变化，高校图书馆智库的相关信息数据对解决现实生活中所遇到的问题具有一定专业性参考。在所属高校的发展过程中，高校图书馆智库在发挥信息优势的同时，需要对高校运行的实际情况进行深入了解，进一步为高校的管理者开展政策咨询，提供更高水平的智库服务。例如对于某一新兴学科，高校是否要设立，高校图书馆智库可以利用其科技查询部门，收集相应的资料，为学校提供信息支持和决策参考。高校图书馆还可积极借鉴其他智库形式的经验，比如定期为学校领导提供智库研究报告，便于学校领导高度重视图书馆智库的相关研究问题，利用图书馆智库解决实际问题。

（2）辅助高校人才培养职能

在高校运行管理中，人才培养是重要发展目标，在智库产品输出基础上，高校图书馆智库还要承担人才培养责任。在实际工作中，高校图书馆智库可以邀请在读博士或硕士研究生积极参与研究智库产品，从而丰富高校人才培养的形式，提供科研实践锻炼的机会。

高校图书馆智库将科研理论与实践能力融合起来，从根本上为高校人才培养提供保障。同时，高校图书馆智库与地方企业加强合作，在企业经营中提高智库研究成果使用效率。在高校产学研过程中，图书馆智库发挥着纽带作用，增强了高校教学科研与管理、地方经济发展与建设等社会问题间的联系，更好地服务于公共政策发展，这也是高等教育所倡导的发展方向。

（3）搭建起校内各学科交流的平台

作为决策咨询的开发研究机构，智库建设自身需要很多领域的专家学者，集合集体智慧研究某一问题，从而提供解决方案和咨询意见。在高校图书馆智库建设工作中，需要各学科领域的专家和学者合作，进行跨学科研究，基于问题导向，依靠智库研究在高校内部构建学科交流平台，在知识交流与思想碰撞基础上，从根本上保障智库产品的质量。同时，各学科交流平台为培养创新人才提供了推动力，为学生提供了更多参与智库与人文社会科研活动的机会，从而保证学生可以学到更多知识，为其他学科提供丰富的理论知识及研究方法，锻炼了学生的综合实践能力，将学生的视野放到了一个更宽广的平台，从而培养出更多复合型人才。

五、我国高校图书馆智库建设与管理

（一）坚持智库建设理念

1. 强化智库建设意义

我国应在专著论文发表方面提高重视程度，借助互联网的优势，通过媒体宣传相关学术会议活动，对智库研究产生的相关科研成果进行强有力的社会宣传，增强我国智库的研究实力增强，逐步扩大其在国际上的影响力，同时成为全球排行榜上的知名智库。在进行高校图书馆智库建设的研究中发现，研究的根本特点是通过多个视角领域开展研究。高校书馆智库的发展有利于高校实施规范化问题驱动组织，以此规范高校科研组织。建立完善的针对研究人员的奖惩体系，能够进一步将各大高校的图书馆之间智库交流范围变得更加广泛。为了使该机构的交流活动在社会发展中顺利进行，我国相关部门可以出台相应政策，设立专项基金用以提高交流活力，同时把相应的激励制度进行配套实行。加大社会监督考核力度，把交流活动长久地举办下去，对使用者进行相关调查研究，及时地对他们的意见进行反馈，改善大众之间的交流效果，为研究活动的开展提供很好的基础。基于任务与项目要求，探索柔性人才流动体系，使得参与研究的人才学者的范围扩大到国内外相关的专业人才，同时对管理模式进行科学合理的构建，对智库拥有的人才资源和研究成果向外进行拓展，从而为我国各大高校中的图书馆智库在国际上提高知名度奠定良好的基础。

2. 形成智库服务体系

（1）目前我国高校进行建设和管理的新型图书馆智库与政府机构之间进行交流，建立一种数据信息共享机制。在高校图书馆智库与政府机构进行信息共享的过程中，要保持自身发展的独立性，同时要在参与决策中形成一种制衡的模式，实现其进行咨询报告的科学意义。

（2）在社会各界人员中实现一种流转，让政府官员、企业人员、行业骨干等各界人才也可以参与智库建设之中，实现智库知识储备的多样化发展，为智库实现自身咨询和理论研究方面工作提供推动力。在发展中实现智库汇集各界精英的目标，有助于研究成果的科学性转化和提高实际运用效率。

（3）进一步提高创新发展能力，将各大高校之间的合作进一步深化，使得社会各界和智库之间的协同创新体系得以巩固。

（4）始终坚持把政府作为各种活动的主体对象，以政策分析等相关领域作为服务落脚点，高校图书馆智库应当发挥其自身具备的职能，为政府推行政策提供有意义的咨询和建议，使得研究成果向产品方向转化。

（二）开展特色智库服务

1. 丰富智库服务模式

高校图书馆智库应当依托其优势，创新开展特色智库服务，不断丰富智库服务模式，切实提升智库服务质量。由于所依托的各类高校发展程度、社会地位不同，高校图书馆智库的规模大小和能力高低都是有差别的。按照分类情况来看，高校图书馆智库可分为两类，即国家和地方。智库系统在国家层面的表现主要是在战略方面的研究，以及国家发展在政治、文化、经济等领域体现的研究。智库系统在地方层面的研究成果主要用于解决地方问题，促进地方经济发展。

由于各级高校图书馆发展程度不同，其中智库能够提供的相关服务也会有所不同，因此，在建设高校图书馆智库过程中，必须考虑其发展程度，深入研究国家、地方各个层面的相关问题，以社会关注焦点为出发点，不断进行发展。

2. 满足不同用户需求

满足用户需求应当是高校图书馆智库建设的关键要素，通过分析用户的需求，为其提供与需求相契合的科学权威资源，不断提高智库服务质量，为智库的发展提供强大的推动力。高校图书馆智库可以在政策咨询研究，以及提供相应的智库服务产品等方面进行突破。作为高校重要组成部分的图书馆智库，应该将其服务优势、特点用于满足用户的信息需求方面，同时为高校教师课题研究提供信息支持。高校图书馆在进行智库服务之前，重点研究用户的个人信息和需求方向，提供有针对性的信息服务；在提供服务后，重点关注用户的信息反馈，不断提升智库服务质量，完善智库服务体系。

（三）提高成果转化率

成果转化体现着智库服务的价值，提高成果转化率，是提高智库存在价值的必要方式。

1．与政府部门建立长效沟通机制

从经济学的角度来讲，服务价值的体现在于客户满意程度。在为政府决策提供智慧服务的过程中，政府作为其服务对象，就是智库机构的客户，同时由于自身属性的特殊，它也是作为社会是否实行该政策条例的最高决策者，所以在此基础上，高校智库需要发挥自己原有的资源优势，在合作的基础上与相关政府部门建立一个长期有效的沟通机制。而在日常的研究过程中，就实际情况与政府进行多方面的沟通，切实了解政府决策障碍的核心因素；在研究得出成果后，第一时间上报政府部门，使其具备的实践价值及时得到应有的检验，能够让政府在该成果的指导下提高决策的科学性。

2．利用学者效应增加成果曝光率

知名学者在高等院校、科研机构、政府部门等中发挥着重要的智囊作用，推动着各领域的改革与发展。高校图书馆智库借助高校优势，可以汇集大量的学科专家、教授学者。这些专家学者在其专业领域内拥有很大的影响力和话语权，他们同时扮演着为所在机构及政府部门提供决策意见的角色。因此，高校图书馆智库可以依托这些人才优势，将研究成果及时提供给用户及相关部门，提高成果转化率，增加成果知名度，保证智库成果的时效性，提升研究成果的应用价值，促进高校图书馆智库带来的服务被社会各界所接受和认可。

3．设立项目价值调研评估岗位

高校图书馆智库可以设立相应的项目价值调研评估岗位，丰富研究视角，客观评估智库成果价值，从源头上提高研究成果的社会实践价值。在智库服务过程中，根据政府、行业、企业的需求进行针对性的调整。

（四）多渠道推动决策咨询

高校图书馆智库对于社会发展产生的影响力取决于政策研究中产生的成果质量，也取决于最终的实践效果。国家推动高校智库体系往纵深方向发展，其中为政策的研究提供相关的咨询服务是它的最主要目的。同时，为解决我国高校图书馆智库领域决策咨询服务效率比较低的问题，必须做到如下几点：

1．转变话语体系

由于向智库进行决策咨询服务的主体对象大多是在社会上占有重要地位的机构，为了提升智库服务质量，需要在提供如咨询报告、统计分析等智库成果的时候减少传统学术语言的使用，转变话语体系，加强和改进成果表达方式。此外，因为决策者的身份不同，所以不同领域决策者的认知偏好也存在差异，这也就要求高校图书馆智库要以个体的不同差异为依据进行决策咨询服务。

2．拓宽咨询渠道

首先，对于传统的推广形式还需要继续使用，因为推广方式中易被接受、传播效果稳定的就是利用传统推广途径，在具体智库咨询过程中，可针对不同的接收群体应用不同的推广方式。其次，需要积极拓宽对促进成果宣传有益的咨询形式，如研讨会、交流活动、学术会议、发展论坛等，这样就能及时与用户进行交流，便于获得反馈信息，针对不足之处进行修改完善。最后，互联网环境下的信息推广模式时效性更强、传播范围更广，互联网技术为高校图书馆智库拓宽咨询渠道提供巨大便利，能够第一时间获得有效信息，高校图书馆智库对于市场的发展能够有一个整体的把握，并且在问题发生之时及时给出解决对策。

（五）提高学科馆员的智库素养

在高校图书馆提供的信息服务中，作为其中主要推进实施的人是在图书馆工作的各类学科馆员，这种工作岗位的设置也是出于对使用者提供咨询服务的考虑。

在发展比较成熟的图书馆管理制度中，负责管理该学科的图书馆馆员就会在一定程度上作为文献专家存在。这些学科馆员接受专业教育，都具有良好的专业能力，能够利用图书馆的各类资源，很快掌握该领域的专业参考咨询技能，熟练使用各类参考工具与电子文献，在科研工作中信息咨询员的职能得到了充分发挥。同时在图书馆智库发展中，每一类学科馆员的参与都充分体现了其工作职责，为自身技术特长的发挥创造了机会。因此，这就对学科馆员的信息收集与知识分析能力，以及后续的相关服务能力等提出了更高的要求。

1．挖掘图情专门人才

图情专门人才是高校图书馆智库区别于其他智库形式的显著特征。在目前的智库建设当中，对人力资源的研究往往集中在专业领域，这也就形成了由各领域专家学者组成的智囊团队模式。但对于高校图书馆智库来讲，其优势在于拥有大量进行文献收集、分析和处理的工作人员，也就是专业的图书情报人才，这类人才的作用不仅为图情学科提供智力服务，而且为项目研究提供精准的信息分析并对智库的研究成果进行有效传播与转化。图情专门人才的参与可有效促进智库组织的工作效率，可以说，没有图情人才参与的智库组织是不完整的。

2．邀请校内外专家

把图书馆工作中的情报功能作为该领域的突破口，以及在高校智库领域的建设中对知识和人才资源上的巨大的补给空缺入手，使得图书馆的各学科的负责馆员运用大数据时代下的相关技术，对于一些有价值的信息进行收集汇总，通过这些信息满足研究需求。当智库的建设队伍中流失了一部分具有丰富的实践经验的专家时，会导致出现两者衔接不当的现象，这个时候就需要通过对以往的实践经验进行归纳总结，使得智库发展所需的人才数量充足，进而形成人才梯队。这就需要邀请校内外专家在新概念的理解、新技术的应用方面对智库研究人员进行及时的培训与指导。针对个别非常规项目也可以临时邀请校内外的专家学者参与，在提升人力资源效率的同时，丰富智囊团的知识架构与分布。

（六）重视各方力量协调合作

在对于智库研究领域的开发方面，应当发挥自身所具备的人才优势、资源优势。同时，利用高校学科等优势建立图书馆智库，应当继续从事原有的研究领域。在高校图书馆智库建设中，其特点主要表现为研究队伍来自各领域的学科专家，在读学生作为重要科研力量，对智库服务的开展提供了重要支撑。高校图书馆智库的发展有利于高校实施规范化问题驱动组织形式，规范高校科研组织，因此要求社会人才综合各方力量进行学术研究，多维度研究问题。

1．横向与纵向合作

在信息飞速传播的大数据时代，随着互联网技术的不断应用，政府想要进行科学决策时就需要有比以前更专业、更丰富的知识进行支撑，所以我国高校图书馆智库建设需要有综合各方面的能力。横向与纵向合作对于开展高校图书馆智库服务工作至关重要。横向方面可与其相关的图书馆建立起图书馆智库联盟，加强资源互通，提升智库服务水平；纵向方面可与其上、下级单位互联互通，提升上下级之间的关联与沟通效率。

2．区域抱团发展与行业协作共赢

从在资源方面进行区域共享的角度来看，各大高校图书馆智库之间都有一种区域性特征，分布相对较为集中，也就使得在高校用自身拥有的资源帮助智库发展的过程中，都是集中在各自比较擅长的领域，因此更应该在各大高校间加强合作，打破局限性，克服各自发展遇到的困难。

真正有用的知识都是通过个体实践得出来的，每一所高校图书馆智库在个体实践中都形成了其特殊优势，但也各有不足。智库在我国各大高校图书馆的负责下发展，就要取长补短，突破原有的机构限制，构建一种多领域、多行业、多学科的智库联盟，通过这个方式进行区域抱团发展和行业协作共赢。

3．建立相关协作平台

运用互联网环境的相关手段，建设一个可以使得社会上信息实现共享的平台，而这个平台的功能是多样化的，它可以对信息进行统一收集，为用户提供使用和检索等功能，集多种功能于一体。平台搭建是促进各方参与的基础，在智库联盟互助的基础上，建设与之相关的有利于智库进行协作的一个双向互赢平台，在这个发展过程中，能够使我国高校图书馆智库在服务方面的发展能力逐渐走向国际化。一方面，我国发展过程中高校图书馆智库可以与其他类型智库在平台上完成交流与合作，不同类型的智库可以在平台上实现学科互补，结合互补性的资源、能力以实现共同的研究目标；另一方面，各学科交流平台为培养创新人才提供了推动力，利用智库平台，如研究生、专业实践人员有更多参与科研活动的机会，从而学到更多的学科知识，为其他学科形成丰富的理论知识与研究方法，为学生视野得到拓宽，为思维实现系统化发展，为创新人才培养目标的实现奠定良好的基础。

随着时代的进步，科技发展水平不断提高，在社会各领域发展中，智库作用日益突出，为社会服务发展作出积极贡献。众所周知，事物的发展需要综合利用各方力量，智库建设同样如此，需要借鉴成熟智库的经验，重点加强高端智库建设，提高其影响力，促进智库建设的专业化发展。高校图书馆智库自开始建设以来，智库服务质量不断提升，智库成果形式逐渐丰富，一定程度上加快了我国深化改革的进程，为国家与地方经济发展提供了推动力。

第三节　高校图书馆智慧转型相关对策

我国高校图书馆在体制上并不是一个真正意义上的社会服务机构，而是隶属于高校的文化服务部门。高校图书馆管理体制的变革要超越现行的国家管理体制实现起来较为困难，所以就目前阶段来说，高校图书馆的改革主要集中在管理机制方面，管理机制的改革尤为重要。高校图书馆内部运行机制相对于图书馆管理体制而言，在高校图书馆发展事业中起推动和促进作用。所以应从改革图书馆内部的运行机制着手，通过对图书馆内部运行机制的改革和创新，在智慧图书馆时代寻找符合高校图书馆自身发展的道路。近几年来，不论是公共图书馆还是高校图书馆，在管理机制改革方面都进行了大胆的尝试，也取得了不俗的成绩，建立起与智慧图书馆相适应的运行机制。

随着智慧图书馆这一概念的出现，国内高校图书馆都开始尝试，走在智慧图书馆发展理论和实践的最前端。相较于其他类型的图书馆，高校图书馆服务的对象主要是年轻读者和教师群体。年轻读者对于新鲜事物的接受能力普遍较强，对各种最新科技成果的体验度较高。教师群体对于信息资源的需求量较大，数据资源更为快速便捷的使用能大大提高自身教学科研的工作效率。因此，高校传统图书馆向智慧图书馆转型发展中要紧紧地跟随行业发展变化，结合自身特点进行符合本图书馆情况的改革和发展。

一、变革管理机制

高校图书馆的管理机构在图书馆转型发展期发挥着巨大的引擎作用，作为图书馆管理部门的领导者，如果能够与时俱进，能够根据本馆的实际情况及时地调整管理理念，发展出一条既能够符合改革需求，又能符合本馆特色的管理理念和管理方法，那么在图书馆这段高速发展变革的时期一定能够引领图书馆走在行业的前端。最近几年，图书馆界对于图书馆管理理念的认知也得到了较大的提升，很多高校图书馆都开始尝试引入企业管理理念，重视使用市场工具对图书馆进行管理，重视以人为本，服务从以前的以物为中心发展到以人为中心，根据读者的需求及时调整服务的方向。总体来说，高校智慧图书馆管理理念的变革主要集中在以下几个方面：

1. 创新高校图书馆组织结构

传统图书馆的组织结构主要是围绕基础业务为核心，而智慧图书馆的组织结构运作的核心是以读者的需求为导向，在这种组织结构中，机构的设置、部门的功能都是可以根据读者的需求进行灵活调整。

对于高校图书馆来说，服务对象主要是师生群体，这部分群体对于信息资源的需求量较大，对于信息资源的内容、方式、手段都有着较高的要求。读者利用图书馆不仅是使用一本书或一类文献，而且是要能从中得到具有参考价值、来源准确、数据权威的信息。要满足读者这一需求，就需要整合图书馆各个部门的力量，而传统高校图书馆的组织机构划分过于细化（如流通部、采访部、技术部、期刊部等），这样的组织结构划分已经不能满足读者对于"一站式"信息获取服务的需求。调整的方式可以是将结构功能相似的部门进行合并，精简服务流程。在进行部门合并时，要打破部门之间的界限，将各个部门职能进行碎片化处理，将功能相类似的部门进行整合。面对高校图书馆智慧转型的发展要求，只有对组织机构进行大刀阔斧的改革，才能为高校图书馆在未来谋求长远的发展。

2. 重视高校图书馆发展战略规划

在网络信息化的社会，任何事物的存在都不是恒定的，图书馆也是一样，对于现在的读者来说，需求也是呈现多元化的趋势。在瞬息万变的信息时代，对于高校图书馆来说，根据本馆的实际情况制订长期的发展战略是当下需要完成的事情。

高校图书馆制订发展战略的同时又要区别于社会图书馆，主要原因在于，高校图书馆以公益为使命，主要服务的是在校师生，目标多重且无形，在制订发展战略的时候要坚持以支持学校的学术发展为准则，主要应包含以下几个方面：

首先，对馆员的角色进行重新定位，对于改革面临的新需求，馆员需要具备多方面的专业素养，而根据不同年龄和专业水平对馆员的岗位进行重新分配，有利于调动馆员的工作热情，使服务更加有针对性，从而提高读者的满意度。

其次，加强和各个领域之间的合作和资源共享，如学校信息中心、院系、科研机构、出版商，及时地了解学科发展和相关产业领域的最新发展动向，及时调整图书馆的服务发展方向。

最后，深度挖掘读者需求，整合信息资源，碎片化处理，进行个性化的信息服务推送。将最为权威、高效、便捷的信息服务送到读者和用户手中，增强图书馆信息服务的专业性和权威性，从而赢得读者和用户的信赖，使图书馆成为读者和用户在工作和学习时必不可少的工具。

3. 坚持以人为本，重视用户关系管理

高校图书馆的服务对象主要是在校师生，当高校图书馆计划为读者提供一项新的服务时，邀请读者参与到服务设计中来，将会大大地提高服务的满意度。通过一系列活动，增加图书馆与用户之间的黏合度。对于读者来说，图书馆不仅是一处建筑，而且是和他们日常生活息息相关的一个地方。在这里不仅有丰富的资源可以共享，而且有可以激发他们创造力和各种潜能的场所。在图书馆内，读者不仅可以学习、阅读，而且可以参与到图书馆的建设中来，获得锻炼自己和展示自己的机会，从而打破了图书馆与读者之间的边界，使两者更加亲密无间。

二、调整技术管理方法与手段

在智慧图书馆时代，图书馆最重要的一个特征就是它的智能化，智能化主要体现在对图书馆整个软件和硬件设施的调控上，而要达到较高的智能化的水平，主要是依赖智能技术的支撑。高校图书馆的技术管理主要分为两个方面，分别是对图书馆内部硬件设施的管理和软件虚拟信息资源的管理。

（一）优化管理硬件设施

1. 对馆藏书籍的智能化管理

近年来，射频识别技术在高校图书馆的改造和发展中得到了广泛的应用。通过使用射频识别技术大大减少了图书馆工作人员的工作量，提高了图书整理的效率。智慧图书馆馆藏管理将每一本图书贴上射频识别系统的标签，集中地收集到图书馆的管理系统中。利用射频识别技术整理图书的优势主要体现在以下三个方面：

首先，快速定位图书。传统高校图书馆的馆藏布局都是根据图书馆的空间变化进行安排的，对于初次来到图书馆的读者来说，对于图书馆的整体结构不是非常清楚，特别是对于一些馆舍面积较大的图书馆来说，读者想要找一本书则会感到茫然若失。而对于使用了射频识别技术的图书馆来说，读者利用检索系统查找到一本自己需要的书籍的时候，该系统自动将图书的准确位置推送给读者，准确地指示图书在图书馆哪个书架和哪个楼层。即使是那些第一次来到这里的读者，也能一目了然地找到他们需要的图书。

其次，方便馆藏图书盘点。对于传统的高校图书馆来说，需要定期对本馆的图书进行盘点，检查书籍的错架率、遗失情况和书籍的损坏情况。图书盘点对于图书馆的工作人员来说是一项非常耗费时间和体力的工作，利用传统的图书盘点方法需要工作人员有高度的责任心，对图书盘点工作要做到十分耐心和细致，才能保证得出数据的准确性。这对于高校图书馆馆员呈现老龄化的群体来说是一项不小的挑战。而使用了射频识别技术以后，图书盘点则大大节省了图书馆工作人员的劳动力，利用智能书车可以对每一本书籍的详细数据进行快速地采集，将最终采集的清单和图书馆的原始账单纪录进行比对，得出一个较为准确的数据，保证读者来到图书馆借阅图书的成功率。

最后，便于馆藏图书整理。采用了射频识别管理系统的图书馆整架和顺架也变得轻而易举。射频识别技术将图书馆的每一本图书进行定位，精确到书架的每一格。利用智能书车可以检测这一排的书籍是否摆放正确。归还的书籍需要重新上架时，只需要根据定位的准确位置直接将图书摆放进去就可以了。相比于传统的图书整架方式来说，提高了正确率，减少了工作人员的工作量。

2. 引进自助化服务系统

对于智慧图书馆来说，图书馆所有的基础业务都可以通过智能的自助化服务设备来完成。对于高校图书馆来说，在各种考试期间，图书馆的座位资源尤为紧张，很多读者为了能够长期使用图书馆的阅览室座位，使用个人物品占座，这样其他读者就不能平等地享受图书馆的阅览资源。引进选座系统则彻底地解决了这个问题，读者可以通过手机或者电脑随时随地在图书馆预约系统上对座位进行预约使用，一个校园卡号在规定的时间只能预约一个座位，如果读者在预约的规定时间内没有使用图书馆的阅览座位，则会记违规一次，违规三次则会停止该读者网络预约座位的权限。这项业务的推出大大缓解了因图书馆阅览室座位紧张而带来的各种矛盾，增加了阅览室座位的使用率，受到了读者的认可和欢迎。除了自助选座机以外，在高校图书馆使用频率较高的还有自助借还机，读者可以使用自助借还机轻松借还图书，还可以交还图书的超期罚款。不但提高了借还的效率，而且提高了读者的满意度，缓解了图书馆工作人员的工作压力。除了以上介绍的两款自助化服务设备以外，在高校图书馆较为广泛使用的设备还有自助打印机、自助阅读机和自助咖啡机。智能自助化设备的引进大大提高了读者来图书馆享受服务的满意度。

（二）重视调控软件设施

1. 无线网络的全面覆盖

对于传统高校图书馆来说，想要实现向智慧图书馆的转型和跨越，基础条件就是要实现无线网络的全面覆盖。对于智慧图书馆内的各种自助化、智能化设备的使用与控制都需要使用无线网络。无线网络的全面覆盖和畅通使用将实现对自助化设备的全面控制。而对于读者来说，来到图书馆能够在图书馆的任何位置使用无线网络，不仅能够大大提高读者对图书馆的满意度，而且也会成为吸引读者来到图书馆的关键要素之一。

2. 数据库的维护与更新

对于构建高校智慧图书馆来说，在保有一定数量的实体书籍以外，还要逐渐增加电子文献资源。电子文献资源是指"以数字代码方式将图、文、声、像等信息存储在磁光电介质上，通过连接互联网络的终端进行使用"。高校图书馆在向智慧图书馆转型过程中，对于电子资源购买和收藏的数量正在呈几何级数增长。未来高校智慧图书馆的馆藏中，电子文献资源管理将会成为一个非常重要的部分。高校图书馆的读者主要都是较为年轻的读者和用户群体，对于最新的智能设备和互联网络的接受程度比较高，而且他们都习惯在网络上浏览数据资源。高校图书馆电子文献资源的推广和使用会使读者体验到便捷高效的资源服务。对于图书馆纸质资源的维护，要定期剔除版本较为陈旧的图书。对于图书馆的电子文献资源同样如此。

三、优化服务管理

对于一个图书馆来说，服务是这个图书馆的灵魂所在。而对于传统高校图书馆来说，服务仅局限在简单的流通服务和读者服务上面，一般来说，对于读者的服务都是比较简单被动的。只有在读者接受问询的时候，人们才能知道读者的需求是什么，才能针对读者的需求提供服务。所有的图书馆服务都是以图书馆的物理实体为中心的，服务范围和服务对象都是固定的，围绕图书馆为基础的服务内容和服务手段都是受到限制的。在智慧图书馆时代，对于读者的服务方式将从被动服务转变成主动服务。图书馆的发展是呈现逐步提升的态势，图书馆馆员的工作也由之前的被动地接受读者的问询到主动地研究开发读者的需求，从传统的信息服务向高端的知识服务转型，打破之前常规的服务模式，重新构建以用户为中心的服务新模式。而对于图书馆空间服务的研究，在最近几年也逐渐被越来越多的专家和学者重视。高校图书馆已经不是传统定义中物理馆藏的保存空间，而是具有多样化功能的服务空间。图书馆的空间服务已经成为构建智慧图书馆的一个重要组成部分，创建一个高质量的图书馆空间，将会吸引读者的关注，使图书馆成为他们科研学习无法替代的公共场所，从而提高图书馆的价值和地位。

以下主要从服务内容、服务手段和空间服务三个方面论述在智慧图书馆服务的转型与发展。

1. 提升智慧图书馆的服务内容

智慧图书馆的核心思想就是在以人为本的基础上提供便捷、高效的信息资源共享服务。对于高校图书馆在向智慧图书馆转型发展中，首先要明确自己的服务对象是在校的学生和教师群体，对于读者的服务不能仅仅局限在普通的借还服务上面，而是要根据读者的需求对服务内容进行创新发展，进行拓展型的深度服务。

传统图书馆的服务内容主要局限在图书借阅、资料参考等方面的内容。而对于智慧图书馆的服务内容，首先还是要以基础服务作为保障，在基础服务做好的前提下发展和丰富服务内容。

在科研服务上面，高校图书馆要积极主动地嵌入到学科发展中，为学校的学科科研提供服务。

图书馆馆员要走出去，走进院系，了解教师和学生的科研阅读需求。

2. 创新服务手段

伴随着网络信息的高速发展，新媒体已经发挥了越来越重要的作用，在智慧图书馆时代，如何建设、运用和管理新媒体，如何对新媒体进行正确地使用、运行和管理，已经成为图书馆必须面对的问题。

新媒体的表现形式具有多样性，它可以是文字图像、视频、音频，也可以是动漫固态存储器与动画编辑器等，这种多重模式的表现形式大大地增加了读者的体验度，在视觉上能给读者耳目一新的感觉。新媒体可以非常便捷地订阅，也可以推送海量的个性化信息，甚至可以设置搜索功能，在搜索区域寻找自己感兴趣的信息进行阅读。新媒体最后一个优势就是它具有低成本的特点，对于现在手机等移动终端普遍推广的阶段，用户可以随时随地获取移动终端上面的信息，减少了印刷、物流、投递等环节，不仅提高了发行效率，而且降低了成本。

在当今图书馆向智慧图书馆转型发展的特殊时期，图书馆服务方式的转变也是其中重要的一个环节，伴随着新媒体技术在人们生活广泛应用，图书馆的服务方式也要随之发生改变。对于许多图书馆来说，新媒体业务是一块全新的领域，仍缺乏实践经验。对于想要开展新媒体业务的图书馆来说，如何推出切合在校师生读者需求的服务，如何使图书馆推出的新媒体服务能够时刻跟随新媒体技术发展的脚步，成为图书馆业界共同关注的话题。因此，从手机阅读、短信参考咨询、馆藏书目信息和开放资源的移动搜索等方面入手，尝试将图书馆情报服务向移动互联网轻移，从而重新构建公共数字文化共享与传播的格局，具有重要意义。高校图书馆的服务只有嵌入到高校学科专业的科研一线，提供时刻到人的贴心服务，才能显示图书馆的强大功能，才能使高校图书馆重新焕发时代的活力，发掘出高校图书馆发展的无限潜力。

四、重视空间构建服务

随着信息数字化时代的来临和搜索引擎的出现，读者可以足不出户，在任何地方都可以浏览海量的信息数据。读者和用户的目的和行为的变化，使得图书馆的藏书功能正在被渐渐地弱化。图书馆因为拥有良好的环境而变成读者喜欢去的地方。对于转型中的高校图书馆来说，在图书馆的空间构建与管理中要考虑读者和用户的多元化需求。要利用现有的空间，营造更加优雅的人文环境，整合数字资源，拓展新的服务功能，让图书馆成为信息共享的空间、学术研讨的平台和学习休闲的场所。现阶段，高校智慧图书馆空间管理主要有以下几个方面：

1. 对空间环境的全面提升

智慧图书馆的空间环境管理注重以人为本。读者和用户来到一个优雅舒适的环境里面，不仅能够大大地提高工作和学习的效率，而且能够拥有一个舒畅的心情。对于高校图书馆空间环境方面的管理主要有以下的几个方面：

首先是对于光线的要求。来到图书馆的读者都有自己不同的目的，对于有阅览需求的读者来说，对光线的要求是比较柔和，能够适合长时间阅读和学习；而对于来到图书馆有交流研讨需求的读者来说，则是希望光线较为明亮，适合他们研讨中各种展示、交流的需求。因此，智慧图书馆的照明系统需要适合不同环境的变化，能够灵活地做出相应的改变。

其次就是对于温度和湿度的要求。来到图书馆的读者和用户希望图书馆能够为他们提供一个能较长时间停留的环境，对于温度的控制也是非常重要的一个方面，通过对空调和加湿系统的使用，使图书馆内保持一个恒温恒湿、自然舒适的环境。而对于高校图书馆来说，保证空气质量良好也是吸引读者来到图书馆的一个重要因素。所以很多高校图书馆都购买了空气净化系统，保证在图书馆室内空气的清洁和健康。

再次是馆舍绿植设置。图书馆作为一座建筑实体，空间的封闭性较强。在图书馆的室内空间利用一些有生命力的绿色植物进行装饰，不仅可以美化空间，而且可以调节读者的心情，在读者长时间的阅读以后，看到一些绿色植物，不仅能够使他们感到心情舒畅，而且可以调节视觉神经，有利于用眼健康。带绿色植物的休闲区可以为读者提供一个放松休闲的环境，在这个被绿色植物包裹的环境中，读者的身心可以得到完全地放松，以便于更好地投入到下一段的工作和学习中。对于图书馆的绿色植物的管理，也是要紧紧地围绕以人为本的原则。图书馆整体气氛较为安静舒适，所以在选购绿色植物的时候应注意植物的色彩要与图书馆整体的装修风格相匹配，在视觉上要和整个环境完整统一。

最后是空间设计的艺术性与创新性。对于现代智慧图书馆的空间设计来说，不仅要满足最为基本的阅览需求，而且要开辟多功能的空间，满足读者的不同需求。设计上要更加符合美学的要求，图书馆要在建筑中赋予精神的内涵。而建筑内部的设计也要具有创新意识，超大的落地玻璃窗可以将室外的景色和室内的环境进行很好地融合。符合人体结构功能的电脑座椅，随意摆放在休闲区域的圆形球灯，在体现创新性的同时也体现了一种深刻的人文关怀。

2. 高校图书馆空间再造

在向智慧图书馆转型的过程中，图书馆馆员开始更多地考虑如何规划设计或者改造图书馆空间，满足读者交流研讨、创新发展、休闲娱乐的需求等，而每一项需求都需要定制合适的空间。

伴随着图书馆室内环境的逐步提升，来馆学习交流的读者也逐渐增加。特别是对于高校图书馆来说，一到考试季的时候，座位资源十分紧张，占座现象时有发生。为了提高图书馆座位资源的使用率，国内高校图书馆积极地采取了各种方法，通过对空间的再次改造将空间资源让位给读者。

首先是建立闭架书库，将馆内年代较为久远的、使用率较低的图书集中地整合到闭架书库上，将原有摆放书籍的空间改造为阅览区或者是多功能空间拓展区。

其次是功能区域的划分。图书馆在设置空间布局时应将高校教师的科研教学需求考虑在内，在划分空间时为教师群体单独划分一部分教师专用空间。在空间内设置休闲家具、投影仪、一体机、文具、饮水机等设施，设置电脑，在电脑桌面上下载科研教学常用软件，学校内数据库通过电脑可以实现无密码访问，为教师减少麻烦。设置教学科研专用书架，在书架上摆放教师专用书籍，满足教师需要长时间进行教学科研研究的需求，在书架上摆放文献资源采购意见表，教师可以根据自己的科研阅读需求写下自己需要的书籍，方便高校图书馆更有针对性地进行采购，从而提高教师对专业书籍和高校图书馆的满意度。

最后是图书馆空间内多功能家具的灵活设置。在向智慧图书馆转型发展的过程中，高校图书馆在选择家具方面不仅要注重家具的实用性，而且要通过家具对空间进行重新分割和划分，使用各种多功能的家具打造图书馆各种个性化需求的空间，营造一种舒适、轻松的阅读氛围。

图书馆内的所有家具、设备甚至是插座都是可移动的，这样可以使整个空间更加灵活多变，符合持续发展的准则。家具的美感和趣味性逐渐得到重视，因此要注意整体的艺术性和视觉上的和谐统一。色彩的分布根据图书馆多功能区域的划分，进行合理布置。在阅览区域，家具的颜色要尽量简单柔和，色彩不宜过多；在研讨交流区，家具的色调应鲜明跳跃，能够使人心情愉悦，让读者及用户不论是在图书馆的任何空间都能感受到图书馆为他们提供的人性化的服务。

五、大力提升馆员素质

对于高校图书馆来说，人员成分较为复杂。在高校图书馆的转型期，一定要把人员管理和发展放在一个重要的位置，只有充分调动人员的积极性，才能保证图书馆各项业务顺利开展。因此，人力资源的管理水平直接决定高校图书馆的服务质量，是高校图书馆持续发展的基础和决定性因素。

（一）创新晋升机制，激发年轻团队活力

在高校图书馆向智慧图书馆转型的过程中，年轻馆员发挥着主力军的作用，对于年轻馆员采取积极的激励政策和晋升制度，调动年轻馆员的工作积极性，充分挖掘年轻馆员的内在潜力，对于高校图书馆未来长远发展发挥着非常重要的作用。对于年轻馆员来说，首先就是要本着多劳多得的原则，实现按劳分配。其次要从物质激励、精神激励和竞争激励等多方面的激励方式入手，建立健全有效的，能够长期实行的激励制度。最后就是要建立科学的人才考核机制。对于年轻馆员来说，正在职业生涯的上升期，对于专业技能的掌握和自我学历的继续深造，都有更高的要求。高校图书馆建立科学合理的人才考核机制，有利于激发馆员自我深造的动力，提高员工的职业自尊感和荣誉感，也能够为高校图书馆打造专业化服务团队打下坚实的基础。

（二）重视业务培训

图书馆馆员素质的提高关系着图书馆未来的发展。高校图书馆要加强自身的人力资源建设，重视馆员培训与发展，从多方面、多角度帮助馆员完成职业学习和成长，从而更好地完成高校图书馆转型发展的历史使命。优化馆员培训，从

个人角度来说是为了让馆员更加深入地掌握职业技能,适应职位在图书馆转型期的发展和变革,从而能够更加胜任自己的工作。从高校图书馆的角度来说,应以馆员的职业生涯的发展规划为切入点,对馆员进行专业化的素养培训,在提升馆员职业素养的同时满足高校图书馆服务革新的需求。

第四节　基于集成管理的高校图书馆联盟特色数字资源区域性整合

一、集成管理概述

高校图书馆联盟是以实现高校信息资源共享与互利为主要目的的区域性图书馆联合体,是高校数字图书馆发展的主要趋势之一。区域性高校图书馆联盟主要以其便利的地理条件为依托,发挥区域性大学图书馆的联合优势,通过联盟成员馆资源共享、馆际互借、联合编目与其他活动等形式,构建高校图书馆区域性相互协作的数字资源服务体系。高校图书馆联盟共享服务平台也主要以联盟成员馆的数字资源共享为基础,建立知识性相互交流和合作的关系,以实现联盟成员馆的数字资源的导航、组织和可视化服务,极大地提升了联盟成员馆的知识服务水平和创新能力。

集成管理具有以下特点:一是主体性。即对集成结果和过程的管理,突出强调了人的主体行为特性,并依据特定的目标,主动寻求较优搭配,以适应环境的变化,达到所要实现的最终目标;二是知识性。作为一种新的管理模式和理念,在集成管理过程中,增加了多种知识和科技因素,并在要素中增加了新的知识成分,通过集成管理使得要素达到有序协同,促进整体效能的倍增;三是人本性。集成管理是一种以人为本的管理方式,而人具有创造性,这是集成管理发挥其效能的关键,从而在管理行为模式上体现了人性化的特点;四是多样性。在集成管理中,人、财、物、知识、信息、技术、能力和方法等都属管理对象,集成管理要素多而复杂,其内容和性质有多样性特点。

二、基于集成管理的高校图书馆联盟特色数字资源整合构想

高校图书馆联盟特色数字资源主要由联盟各成员馆的特色数字资源构成,以满足学校学科建设、教学和科研方面的需要。但由于不同成员馆自建特色数字资源所采用的技术有所不同,使得高校图书馆联盟特色数字资源存在多源异

构现象。

针对高校图书馆特色数字资源存在多源异构特点，需要对成员馆特色数字资源进行区域性整合，以满足高校图书馆联盟特色数字资源共享服务需要。通过运用集成管理的思想，构建高校图书馆特色数字资源整合架构，从新的层面和角度理解特色数字资源整合要素，提高特色数字资源要素管理的交融度，优化和增强特色数字资源管理的有序性，使其形成一个相互关联的有机整体。整合内容主要为：一是不同来源的特色数字资源，并对这些数字资源集成管理；二是不同类型的异构特色数字资源，使之融入数字资源服务体系之中。整合对象包含了服务平台的各类特色数字资源、结构功能及相互关系，以特色数字资源融合为主要整合目标，形成目录、文摘、全文、音频、视频和书评等特色数字资源为一体的信息服务体系，通过对高校图书馆联盟特色数字资源整合，提升高校图书馆整体的信息资源共享服务水平。

实现数字信息的阅读、查询、交换与共享。通过特色元数据映射可对不同类型和来源的特色元数据格式进行转换，在逻辑层面上实现特色元数据资源的共享与互操作。整合流程为：定义不同类型的特色数字资源的元数据结构；对不同类型的特色数字资源的元数据映射；确定关联性，主要是特色数字资源的链接；按定义的映射关系统一标准化特色元数据转换。在特色元数据整合过程中，要做好整合技术环境分析，并制订行之有效的整合策略，通过利用特色元数据分层和映射方式能较好地实现特色元数据的交换和互操作，从而实现高校用户的跨库检索，在逻辑层面上实现联盟内特色数字资源的共享。

第三章　高校图书馆信息服务的创新发展

第一节　高校图书馆信息服务的现状分析

一、高校图书馆为师生"教"与"学"服务的功能

图书馆在为国家培养高素质的综合性人才过程中扮演着十分重要的角色，它为学生和教师提供了大量的知识资源。作为最重要的教育教学机构之一，高校的主要任务和工作就是负责学生的学习活动和教师的教育教学，这也是高校办学理念和效益的体现，高校工作的主要内容就是教育与学习，简称"教"与"学"，学校的所有活动都必须以这两部分为基础。作为一个重要的教辅部门，图书馆要充分整合知识资源，利用自己加工、扫描、数字化处理等优势为教师的课堂教学奠定坚实的基础，比如视频制作和线上培训等，提高了教师备课和授课的效率，同时也减轻了授课教师的负担。作为教学工作的主体，教师在教育教学过程中扮演着教学活动的实施者和组织者的角色，而高校教育教学活动的客体就是学生，他们在教师的正确引导和教育下，不断提升道德水平、完善知识体系，当然在这个过程中，教师也同样需要通过不断的学习来丰富自身知识，以便在以后的教育教学工作中为学生解决更多的疑难困惑，所以，无论是教师还是学生，都不能脱离图书馆。鉴于不同行为主体的具体要求不同，图书馆也必须具有相应的专业特色和层次，这样才能满足师生的差异化需求。

二、高校图书馆为科技创新服务的功能

高等学校不仅是一个教育机构，而且是一个科技研究的场所。许多科学技术的新理念、新思想、新方法、新成果都来自高校，这就要求高校图书馆不仅要有为高校教学服务的传统意识，而且要有为科技创新服务的新意识。

高校的科研、科技创新活动是多种多样的，即使是同一课题，在课题研究的不同阶段，所需要服务的内容也是不同的。①课题申请阶段。在课题申请阶段，具有学科背景的图书情报人员对网上资料进行整理，对科研人员所提出的科

研课题进行科技文献的检索、综合分析等研究工作，帮助科研人员尽可能全面地掌握当前该领域的科研进展情况。在科技人员申请课题、投标之前，图书馆情报人员会进行情报调研，并就调研的成果写成综合分析报告，使他们心中有数，为选准科研方向提供情报依据，提高各种基金项目申报的批准率。②科研课题进行阶段。在科研课题确定之后，研究工作进入实际性阶段，往往要进行一个个的科技攻关，这个阶段需要解决各个具体问题。此时，高校图书馆情报人员深入科研第一线，参与科研，掌握科研动态以及科研人员的情报需求，以增强其情报服务的针对性。③科研成果论证阶段。在科研成果论证阶段，首先要对科研成果进行评价。但现代学科分化越来越细，出现了许多边缘学科。在科研成果具体的评价中，科研人员对鉴定项目所涉及的各个方面知识未必有全面的掌握，难免会出现失误和偏差，而高校图书馆情报人员掌握的情报文献比较全面，对科研人员的新成果能做出客观的评价，为成果鉴定提供真实可靠的依据。④科研成果转化为生产力论证阶段。在科研人员申报科研课题的同时，高校图书馆情报人员就应对其课题能否转化为生产力进行情报论证，因为其转化为生产力的概率越大，将来的社会效益和经济效益就越高，科研课题的生命力就越强。通过情报论证，不仅可以提供某些定量数据，而且可为科研成果开拓新的应用场所，为科研成果找到广大的市场。

第二节　高校图书馆信息服务创新的理论基础

一、图书馆学五定律

（一）图书馆学五定律

图书馆学五条定律分别是：书是为了用的、每个读者有其书、每本书有其读者、节省读者的时间、图书馆是一个生长着的有机体。

1. 书是为了用的：书不仅是为了收藏，而且是为了利用。图书馆所处理的信息资源无论是拥有还是存取，都是为了用于满足用户的信息需求。随着网络环境的逐步形成，传统的信息收集、加工、处理、储存以及传递方式将从根本上发生转变。现代化的服务手段为读者快捷、准确地获取网络信息提供了前所未有的方便，所有这些都直接体现了"书是为了用的"这一定律。

2. 每个读者有其书：这条定律说明了以用户为中心的原则。面向用户服务的思想，应尽可能地向读者开放；同时，也表明任何有信息需求的用户都应当通过图书馆的信息服务获得满足，图书馆的信息服务是社会性的，而非专指的。此外，它还说明图书馆的资源建设要从用户需求出发，以用户需求为依据去组织信息资源，保证用户需求的尽可能满足度。

3．每本书有其读者：这条定律从不同的方向再次说明了图书馆资源建设的问题，即在信息资源建设的同时要考虑它们对于用户需求的适合程度，提高图书的利用率。另外，这条定律也说明了在把"以用户为中心"作为主导的信息服务过程中，应当适当地面向资源的常规性信息服务，以最大限度地挖掘信息资源潜力。

4．节省读者的时间：图书馆应满足用户的信息需求，在现代网络信息环境下，图书馆要在浩繁的信息资源中为用户导航，指引用户以尽可能少的时间代价排除信息噪声、干扰等，获得针对性强的信息。图书馆要在资料来源、拣选、加工处理，最终提供的信息内容与形式等方面广开思路，通过与用户的充分沟通，提高信息服务的精准性，提高读者查询效率。特别是通过高增值性的服务让用户解决面临的问题，节省宝贵的时间。

5．图书馆是一个生长着的有机体：图书馆的本质是服务于社会，在不同时代、不同社会信息环境中，对"用"有不同的解释与要求，因而图书馆必定呈现为一个不断演变发展的有机体。在现代社会信息化进程中，图书馆的信息服务功能将成为其核心任务而处于重要地位，信息服务的能力将成为决定图书馆的发展潜力甚至于其生存力的关键因素。总之，"以人为本，服务第一"的思想是保证图书馆这个发展的有机体不断保持旺盛生命力的思想灵魂。

（二）图书馆学新五定律

新图书馆学五定律的基本内容是：

1．图书馆服务于人类。

2．掌握各种知识传播方式。

3．明智地采用科学技术提高服务质量。

4．确保知识的自由存取。

5．尊重过去，开创未来。

这新五定律是图书馆工作应遵循的法则，它的提出既体现了随着时代的发展、科技的进步，图书馆工作不断地出现新的内容，也体现了人们认识的不断深入。

新技术的发展和应用虽然给图书馆展示了一片光辉的未来，但通向这一未来的道路却是艰苦曲折的。新五定律的提出者正是基于对当前和未来的图书馆进行了科学的、理性的分析和预测，才提出了这五条图书馆学新法则。所以说，不管是新五定律还是老五定律，它们的精髓都是以读者为中心。对于图书馆来说，服务是最根本的所在。树立正确的服务理念、为读者提供满意优质的服务，一直并将永远是头等重要的事。

二、高校图书馆信息服务创新的动力理论

（一）高校读者信息资源需求拓展是信息服务创新的驱动力

随着现代信息技术和网络技术的飞速发展，图书馆正在由传统图书馆向现代图书馆转变。在网络环境下，读者信息需求的新特点向多种类型发展。

1. 多样性的需求特点

当代用户的信息需求已经不仅仅局限于图书、专著和期刊，他们把目光和焦点更多地投向内部出版发行的资料，如内参、会议文献、讲座、报道以及优秀硕博学位论文，等等。因为这些内部资料能够满足信息用户的个性需要，特别是这些内部资料能够对当前学术研究的进程以及社会的真实近况有更全面、真实的介绍和报道。随着信息技术的快速发展，以及互联网如雨后春笋般的快速普及，信息用户对网络的依赖性更加明显，他们需要通过网络获取大量的信息资源，满足他们日益增长的信息需求。这些客观环境无疑对信息服务者的收集、加工和整理信息的工作提出了更高的要求。

2. 专深性的需求特点

高校图书馆的信息服务对象主要是从事教学、研究的教师和需要到图书馆借阅图书、上网查找资料的本科生及硕士、博士生。高校教师作为信息用户，是因为他们除了承担教学任务以外还承担着学科的课题研究及培养学校的高学历人才的任务，这些都要求他们要不断地发表学术论文，了解本学科科研的进展情况。

他们作为特殊的读者群，对信息的要求非常之高。不仅要求信息资料的内容具有最新性、时效性，而且要求信息资料来源要准确且全面。在校大学生作为图书馆的普通读者群，他们的信息需求充满个性化。因为他们多是出于对其专业信息的需求，主要是借阅专业课的相关书籍，为了写调查、研究报告或参与导师的课题研究等。因此，高校图书馆的信息用户群对信息的需求呈现一定的专深性、广阔性。

3. 时效性的需求特点

目前，在图书馆查询信息的大多数信息用户认为他们获得的信息缺乏时效性。产生这一现象的主要原因是信息技术的不断发展，互联网的普及促使信息用户对具有时效性的信息需求更为迫切。再者，由于学科的相互关联性越来越明显，科学研究不可避免地要向相关学科领域拓展，致使相关学科文献的数量呈上

升趋势，文献老化速度随之加快。这些因素都能使信息用户在进行课题研究时遇到困难。读者希望获得大量最新信息，并借助这些最新信息做出正确的决策。

4. 自主性的需求特点

随着信息技术的日新月异，互联网的迅速普及，在当今时代，几乎所有高校信息用户通过网络平台都能熟练掌握计算机的基本操作。高校信息用户的信息意识不断提高，他们已经能熟练掌握获取基本网络信息的方式和手段。高校信息用户的自主性需求特点日趋明显，他们在图书馆接收信息服务时更喜欢自己查找相关网络资源。

（二）竞争环境和先进的科学技术是信息服务创新的外在动力

1. 竞争环境

随着互联网的发展，信息服务与信息检索已经成为全球商业竞争的市场之一。特别是在非公共信息资源领域，如数据库开发、网络搜索服务、商业化数字图书馆、商业化的文献传递等，市场竞争尤其激烈。为争夺和抢占市场，获得竞争优势，一些信息资源生产者和提供者会不断扩大信息资源生产和提供规模，提高信息产品质量和信息服务质量。市场竞争促使信息资源所有者完成了信息资源的生产、提供和共享，并使参与服务的机构不断增多，市场规模不断扩大。高校图书馆的信息服务面临着严峻的挑战，同时也注入了巨大的发展动力。

2. 科学技术

高校图书馆技术发展的水平直接影响着高校图书馆信息服务工作的开展。没有先进的技术，就无法充分发挥其所拥有的各种资源的作用。高校图书馆信息服务技术开发能力与高校图书馆利益目标的有机结合，产生并强化了高校图书馆从事信息服务技术开发的动机，同时又为实现高校图书馆的信息服务目标提供保障。

三、客户关系管理理论在高校图书馆的应用

客户关系管理是不断加强与客户之间的交流，不断了解客户需求，通过培养客户对公司的好感度或者偏爱度，将客户留住，并以此提高公司业绩的一种对策。它注重不断对产品及服务进行更新和提高以满足顾客需求的连续的过程。客户关系管理就是将客户需求放在首位，做到"以客户为中心"，最终达到客户满意的目的。它是互惠互利的经营策略，其核心是客户价值管理，通过满足客户的个性化需求，全面提升企业盈利能力。

客户关系管理要求"以客户为中心"，这与高校图书馆信息服务创新的"以人为本"的原则，和高校图书馆信息服务中"为了一切读者，一切为了读者，

为了读者一切"的思想不谋而合，三者都强调了服务对象在实际工作中的决定性作用。

高校图书馆如果想得到不断发展，就必须换位思考，把如何满足读者的需求、如何为读者提供无可挑剔的服务纳入管理体系，提高对用户关系管理重要性的认识，依靠用户、研究用户、服务用户，与用户建立双赢的关系，建立符合自身特点的客户关系管理体系。基于此，高校图书馆客户关系管理的实施应从以下几个方面入手。

（一）有效用户信息系统的建立

用户信息系统是用户管理系统的重要组成部分之一，它将用户的基本信息提供给用户资源管理，同时也将原始数据应用到图书馆的信息服务策略中。用户信息系统由名称、地址、账号、电话等基础性的信息构成。图书馆获得用户第一手信息以后，通过有针对性的调查与分析，组成第二手资料，其中包括用户对图书馆的印象与评价，存在的矛盾与摩擦，特殊的信息需求，用户与图书馆相互沟通的时间、方式，会议或讲座的记录，还包括图书馆为留住用户所付出的努力等。用户信息系统通过对各种细分用户群具体信息的分析，计划、制订各种类型的服务策略，并对现有用户数据进行整合分析，做到识别每一个用户，同时找到相类似的用户群体，针对不同读者的不同需求，提供与之相适应的服务，从而提高不同用户的满意度。

（二）组织与业务流程的再造

信息时代的到来，以及信息技术的快速发展，促使多种信息技术被广泛应用于图书馆信息服务工作之中。与此同时，现代信息技术、网络与通信技术的完美融合给图书馆带来了前所未有的机遇与挑战。图书馆的管理模式与服务方式、服务手段要想与现代信息服务发展相适应，做到与时俱进，就必须借鉴企业业务流程重组的成功案例，通过重新设计业务流程，重整内部资源，构建具有完整功能、运行有效的职能组织，以满足以用户需求为出发点，实现以用户交互系统为基础的业务流程再造，针对用户需求进行创新产品和服务的活动。

（三）核心用户培养和选择

核心用户在客户关系管理中也被称为重点用户。培养和选择核心用户，可以将核心用户留住，并与他们建立长期的合作伙伴关系。在高校图书馆信息服务中，运用客户关系管理这一营销理论，要求高校图书馆能够准确识别信息用户，将用户划分为不同的用户群，并对他们的差异进行分析，区别重点用户群与非重点用户群，将信息资源重点放在核心用户身上，并有针对性地设计、提供他们所需要的信息产品和信息服务。需要强调的是，对用户区别服务的目的在于提供有针对性的服务，服务的区别在于服务层次、深度的不同，这里不包括服务的态度。

（四）管理读者的反馈信息

对于图书馆所做的一切努力，读者总会做出有意识或无意识、主动或被动的反应，这就是读者反馈，它对于衡量图书馆信息服务的有效性，及时发现为读者提供服务中存在的问题等方面有着重要的作用。因此，读者反馈管理是读者管理中一项必不可少的工作。对于图书馆来说，要真正使读者满意，就需要充分认识读者反馈对图书馆信息咨询服务的重要意义。掌握和利用读者反馈的具体途径，及时收集读者反馈，制订图书馆服务决策，为信息服务提供重要依据。

（五）人力资源素质的提高

有效的用户关系管理需要图书馆全体馆员参与，需要提高全体馆员与用户真诚相对和服务用户的能力。用户关系管理过程也是馆员素质提高的过程，提高馆员素质的同时又能进一步提高用户关系管理的水平。馆员的素质是和馆员的价值观念、服务理念、服务技能密切相关的。在图书馆内部打破各部门的界限，使各部门能以团队的形式对读者的需求更快地做出回应，协调一致地为读者服务。

既然图书馆的许多服务工作是具有学术性、研究性和创造性的智力劳动，那么有关从业人员必须掌握相应的专业知识，才能为用户提供其所需要的文献信息服务。作为一名图书馆馆员，首先必须具备丰富的图书、情报学专业的知识和理论，这是做好本职工作的基本前提，它可以帮助图书馆馆员了解图书馆工作各个方面的情况以及工作中的具体规定，培养他们的工作技能；图书、情报学还可以为图书馆馆员在宏观上提供指导，帮助他们认识图书馆在社会中的地位和作用，认识图书馆的发展规律和历史责任，认识图书馆工作的特征和要求，帮助馆员树立为用户服务的意识。总之，有了图书情报学专业的知识和理论，图书馆工作就有了保障。反之，图书馆工作就会出现障碍。

第三节 高校图书馆信息服务创新的有效路径

一、遵循高校图书馆信息服务创新原则

（一）特色性的原则

在庞大的信息资源中，用户的信息需求更加趋向微观化和个性化，因此，信息服务的创新要有针对性和特色性，针对个性化的信息用户，创新出有特色的信息服务。特色化的个性信息服务是图书馆信息服务的发展重点和趋向。特色性原则效应就是个性化、集成化、高效化的具体体现。为适应各专业服务对象的信息需求，各高校图书馆必须紧紧围绕本校的培养目标、课程体系设置、教学需求和科研需要，制订本馆的特色收藏原则。

（1）高校图书馆必须形成自己的馆藏特色，以教学和科研为中心，以本校专业设置和学科建设为依据，按照"人无我有、人弱我强、人强我特"的要求，充分发挥自身文献资源优势。

（2）凡是本校需要的专业文献应重点收藏，对与本专业相关的文献可适当收藏，而与本专业无关的文献则可不收藏或代表性典型收藏。高校图书馆应依照专业文献利用率调查教学、科研的需求，科学地收藏专业文献，合理确定复本。

（3）各个学校在专业上都有自己的特色，从全国图书馆的文献资源体系共建的角度出发，要把藏书特色建设和文献资源共享高度地结合起来。

（二）"以人为本"原则

"以人为本"原则是高校图书馆信息服务的根本原则。这一原则指出高校信息服务工作者在工作中不仅要为读者提供高效率、高质量的信息服务，而且要想读者之所想，急读者之所急，深入研究读者所需，在服务中处处体现人文关怀精神。如果高校图书馆信息服务人员能将人性化的方法和理念作用于读者的行为和心理，挖掘和激发读者的潜能和创造性，就能引领他们去实现既定的目标。高校图书馆信息服务质量的高低取决于信息服务工作者是否将人文精神融入其中，只有这样才能将"以人为本"原则完美地体现在当代信息服务工作之中。

（三）持续性原则

信息服务的创新是一个系统工程，是整个社会创新系统中的子系统，它需要一个很漫长的过程，因此，要坚持持续性原则。知识经济的不断发展、社会信

息资源环境的不断变化、信息技术的不断完善、用户信息需求的不断增长等多方面原因促使图书馆信息服务也要不断推陈出新，要实现可持续性的发展。持续性原则还表现为信息服务的创新要将过去、现在和未来相结合，将局部和全局相结合，将当前和长远相结合。只有持续性地创新各项服务内容和模式，才能赢得用户的信任，获得良好的社会效益，在激烈的服务市场中站稳脚跟。

（四）协调性原则

创新是系统内各个相关因素相互作用的结果，包括观念创新、服务创新、技术创新、人员素质创新和管理体制创新等。各个要素是相辅相成、共同发展的，因此，要坚持协调性原则。现代图书馆的信息服务与传统图书馆的信息服务在信息资源形式、信息服务形式和服务对象等几个方面都发生了根本性的变化，比原来的服务环境更加复杂，系统内的任何一个创新要素都是不可或缺的，所以要全面考虑各个方面，充分协调好各个环节和要素的关系，发挥系统功能的优势。协调性原则还体现为积极发展网络信息服务时，要兼顾传统信息服务的拓展，使两者协同发展。

（五）适用性原则

创新的目的是为用户提供更贴切、更满意的服务，是以用户的需求为出发点的，因此，新型服务必须符合用户的要求，帮助用户解决问题，讲究适用性。高校图书馆应根据用户的知识结构、认识规律、思维能力、使用习惯等来创新服务，一切围绕解决用户的实际问题开展，只有这样，新的服务内容才能赢得用户，赢得市场。

（六）效益性原则

图书馆信息服务的效益体现为广泛的社会效益和一定的经济效益。图书馆服务是一项公益性事业，以社会效益为主，并通过自身服务能力体现一定的经济效益。创新就是要提高其信息、服务能力，提高社会效益，但由于技术的改善、数字化资源的购进、参考咨询服务系统的建立、网络资源的维护和更新等都需要一定的经费来维持，而目前高校图书馆还是靠学校拨款，资金有限，所以，在服务创新过程中要考虑成本问题，在成本和效益之间寻找新的平衡点，使新的信息服务不仅适用，而且实用。

（七）满意原则

信息服务是信息机构按一定方式提供信息的过程，是以信息为内容的服务业务，其对象是信息用户，即信息需求者。如前所述，满足用户提出的信息需求只是信息服务的基本目标，而满足用户解决其所面临问题的才是最终目标。读者是否满意及其程度如何，是衡量图书馆服务质量的最终标准。满意原则是图书馆服务诸原则中的核心原则。

二、高校图书馆信息服务体系创新

高校图书馆信息服务创新体系涉及高校图书馆信息服务的方方面面，包括创新服务理念、创新服务内容、创新服务方式、创新信息技术、创新组织管理等多个方面。在创新体系中，观念创新是高校图书馆信息服务创新前提，服务方式是创新的基础，信息技术是创新的关键，人才和组织管理是创新的保障。其各个方面相互影响，所以，应该协调处理好各个方面的关系，使其和谐发展。

（一）信息服务理念的创新

1．"以人为本"的信息服务理念

"以人为本"要求高校图书馆在信息服务工作中以读者为中心，切实把读者需求、读者利益摆在首要位置，充分尊重读者个人的自由空间。体现在以下两点：第一，工作人员素质的提高；第二，以满足读者的信息需求为根本。树立"以人为本"的服务理念，不仅要追求社会效益，而且要考虑长期目标，最大限度地满足对信息知识的需求，推动社会的全面发展和进步。要把内容丰富的文献信息积极转化为技术含量高的信息产品，提供给广大读者，满足读者对信息的需求。图书馆要开展人性化服务，充分挖掘服务潜力，拉近与读者之间的距离，使读者在获取知识的同时获得心理上的愉悦，也为高校图书馆树立崭新形象提供广阔的发展空间。

2．个性化信息服务理念

个性化信息服务就是利用先进的技术使信息服务更加符合用户的需要，根据用户的个性、喜好、习惯而主动向用户提供特色的信息服务。这种"以用户为中心"、培养个性、满足需求的服务模式，完全符合图书馆"读者第一，用户至上"的服务理念。通过分析读者的知识结构、心理倾向、信息需求和行为方式，向读者主动提供个性化信息推送，可以充分激励读者需求，促进读者知识创新。在树立个性化信息服务理念的同时，高校图书馆要结合自身实际，适当发展，充分利用现代信息技术和网络技术的优势，在激烈的竞争中谋生存求发展。

3．集成服务理念

集成服务是一种综合化服务，它是指将设施、资源和服务重新组合起来，通过这种最优化方式，使用户能以最少步骤获取所需要的服务。集成服务是一种高效率、易获取的服务。集成服务要求组成它的要素能够互相补充、相互匹配，将要素的优势发挥到最大。集成服务不是表面意义上的简单服务，它是设施、资源和服务的整体优化和集成。将集成服务理念运用到高校图书馆信息服务创新中，就是把高校图书馆的物理馆舍、信息技术及先进的工作理念结合起来，使信息用户在利用图书馆资源时，能够以最小的成本获得最优价值。集成服务是高校图书馆信息服务的新方向、新趋势。同时，它也是图书馆界服务的主流趋势。

4. 知识管理服务理念

知识管理为企业实现显性知识和隐性知识的共享提供了一条方便、快捷的途径。知识管理强调运用集体或大众的智慧提升企业的应变能力和创新能力。将知识管理理论运用到图书馆学中，不仅强调对信息的管理，而且是对人力资源的管理以及知识在提供时的增值。知识管理服务理念就是通过挖掘、开发隐性知识和序化、整合显性知识并结合知识管理理论对高校图书馆的信息服务进行全面、细致的指导，将信息资源和人力资源的双重价值发挥到最大的优势，从走信息服务之路转向走知识服务之路，这是图书馆创新服务中新的生长点，更是图书馆发展的最终选择。

5. 信息素养教育服务理念

高校图书馆要想在激烈的竞争中立于不败之地，就要大力吸纳和培养人才。高校图书馆具有培养高级人才的先天优势，因为它拥有丰富的信息资源、条件优越的实践场所等，这些有利因素都决定了高校图书馆理应站在时代的最高点。高校图书馆以培养具有创新意识、创新思维的高素质信息人才为理念，开展内容丰富的网络信息实践活动，组织学生参与各种有利于提高信息素养、素质的讲座。借助这些现代化的教育方式和手段，让学生学会自助运用各种信息资源，减少利用、交流信息的障碍，进而达到在任何时间、任何地点都能获取、利用信息的最终目标。

（二）信息服务内容创新

信息服务内容创新是高校图书馆信息服务创新体系构建的重要组成部分，也是实现高校图书馆高品质服务的重要途径。在遵守创新原则的前提下，高校图书馆信息服务内容创新是通过各种途径，调整、完善服务内容，并通过依靠先进技术手段，发挥高校图书馆自身的文献信息资源优势，为高校师生提供高效、便捷的信息服务。

1. 掌握用户信息需求特点

高校图书馆信息服务工作人员在进行信息服务过程中，如果没有针对用户需求进行信息服务，即使服务水平再高、知识掌握再全面也是徒劳。所以说，只有很好、很准确地把握用户对信息的需求特点，高校图书馆的资源优势才能得以发挥，才能更好地满足信息用户的需求。通过调查发现，读者对信息的需求主要有以下三个特点：第一，需求具有全面性和综合性的信息服务。随着信息技术的快速发展以及信息环境的不断变化，信息用户需要信息服务者提供给他们内容涵盖广、类型多样、来源渠道广泛的知识信息，要求信息服务者能针对他们所承担的具体工作，提供全程性、全方位的知识信息保障。第二，需求开放性及社会性的信息服务。在当代信息社会，信息用户所需要的信息的融合。因此，一个图书馆在向用户提供信息服务时就很难满足信息用户的需求，这就需要多个图书馆通力协作，实现资源共享。第三，需求集成化及高效化的信息服务。一般类型的信息服务已经不能满足现代用户对信息的较高要求，信息用户希望获得经过分析、整合、整理的文献信息资源，这一过程要求信息服务者依靠图书馆的资源优势来完成，将信息进行优化组合后以新的知识形式提供给用户，方便用户获取和利用信息资源。

2. 高校图书馆应开发特色信息资源

信息时代的到来促使信息环境等方面发生了巨大的变化。在网络环境下，高校图书馆读者的需求已由原来的印刷型文献需求转变为以网络为依托的文献信息需求。这就促使高校图书馆必须将注意力放在开发特色信息资源，即将印刷型文献信息资源与网络信息资源并举，从而满足不同读者的不同需求。所谓特色信息资源，一般指图书馆经过较长时间的信息积累，在某一方面或某一领域形成的结构完整、内容丰富且有别于其他信息资源的特殊信息资源。它同时具备两个特点：一是根据社会和个人的特定需要而科学设计、有序开展，并提供给信息用户可直接利用的信息资源；二是具备"人无我有、人有我优、人优我精"的特点。特色信息资源建设在图书馆资源建设中扮演着重要的角色，其在高校的教学科研工作及当地人文经济等发展研究方面都具有深远的意义。

高校图书馆应依据地方特色文献保障以及发展目标的要求，制订合理的特色文献收录与管理计划，并且要结合自身院校教学和科研的特色文献制订一条具有继承性、特色性以及计划性的信息资源建设路线；在规划中注意考虑特色文献的完整性、系统性以及连续性等特点；在收集特色文献过程中，必须遵循馆藏原则，对馆内现有的各类文献资源以及现状进行详细的了解，对各种特色信息资源的载体以及类型进行统筹划分，以便最大限度地采购最需要的特色文献资源。

高校图书馆特色信息资源建设必须形成具有符合本校特点的特色文献建设结构，进而形成特色文献管理体系。图书馆的特色信息化资源建设必须以本校专业特色馆藏为核心，提高特色文献资源建设的质量，加强自身建设的发展方向。建设特色数据库是加强图书馆特色文献信息资源建设的关键一步。

大部分高校图书馆的购置经费有限，在此前提下应采取有效的措施，实现特色文献资源的合理采购，最大限度地购置与学校学科特点及地方特色相结合的特色文献信息资源，科学采购，统一规划。在特色文献收集过程中，应该以学校重点学科为主，对其他学科专业统筹兼顾，做到特色资源与一般资源相结合，对电子特色文献以及传统特色文献采用互补的策略，使得分配比例能够满足不同层次读者的要求。

3．向教学及科研提供定制信息服务

高校图书馆最主要的信息服务对象就是从事教学与科研的高校教师。因为承担教学任务的高校教师必须高质量、高效率地完成教学任务，他们的教学内容必须具备新颖、独特、准确等特点。除教学任务之外，还要求他们承担与本学科相关的课题研究，要求他们在最短的时间内获取、吸收本学科领域最先进的科研成果，并将这些成果进行研究和创新。而所有这些工作的实施与完成，都需要查阅参考资料。高校图书馆是从事教学、科研工作的教师查阅图书资料的最好去处。随着时代的不断发展，高等学校对教师整体素质的要求也在不断提升。高校教师不仅要具备较高的业务水平，而且要具备较高的知识结构，这些因素都迫使高校教师要不断更新学习，从而提高自己的业务素质和专业水平。这种更新不是只有通过多种形式的学习和培训才能实现，大多数教师只要通过查阅相关学科的资料就可以完成自我提升。同理，教师在不断提升教学业务水平的同时，学生也可以通过阅读大量专业书籍及课外辅导材料完成预习，以便在课堂上更好地理解和掌握所学的知识。除此之外，在校大学生还可以根据自己的个人爱好查阅资料，不断拓展自己的知识面，为培养个人的业余爱好和专业兴趣打下良好的基础。在科研工作方面，高校信息服务工作者要在科研课题立项前积极热情地参与进来。在选题过程中，要做好选题、调研、查询、论证工作，以保证所选课题的独创性、实用性及科学性；在进入选题以后，要积极参与进程研究等工作，将查阅到的与课题相关的最新资料及时、准确地提供给相关科研人员，协助他们做好科研工作。

（三）信息服务方式创新

1．积极开展网络信息导航服务

网络信息导航服务需要图书馆信息服务工作人员对网络上的信息进行收集、整合、客观评价、管理并使之形成有序化、附加值较高的信息资源，通过将这些资源进行分类、整理、标引和著录并以超文本形式向用户提供检索进入点，同时，在各种网站的网页上创建信息导航站，从而提供信息导航服务。网络信息导航服务的优点是它将网络信息的无序化为有序，完善搜索体系功能，使信息用户在检索能力不强的情况下，也可以利用网络信息导航站进行查询。为了网络信息导航服务更好地开展，高校图书馆应该积极组织网络知识培训，帮助信息用户了解网络知识，掌握网络的使用技能，如信息下载、文件处理、数据库检索等方法。

2．加强参考咨询服务

参考咨询服务是高校图书馆开展信息服务的重要途径之一，同时也是特色馆藏的重要内容。高校图书馆信息服务工作人员用特色的服务方式向信息用户提供特色的信息数据，这些数据的提供基本上都是以网络技术为依托的。参考咨询服务的主要目的是根据拥有的文献及网络资源对用户提出的学科开展定题跟踪服务。这主要表现为：第一，由信息服务者对读者提供信息来源向读者自主性获取文献线索转化。第二，以提供综述、专题报告等服务为主要服务，同时兼顾传统的解答服务，满足信息用户的多方面需求，为教学、科研提供高质量、高层次的信息服务。第三，开展专题、定题服务。这里所指的专题服务是面向教师及高校科研人员的服务。高校图书馆信息服务者要随时向教师及科研人员提供他们所需的资料，并参与课题研究的进程，直到课题结束。高校图书馆信息服务者所提供的信息服务主要有文献的收集、调研、查询和论证，科研查新，建立用户资料、档案，等等。

3．开展灵活多样的针对性服务

随着时代的发展，高等学校的规模在不断地扩大，学生的数量也在不断扩大。由最初的大专生、本科生发展到现在的研究生、博士生，同时在校生人数也在逐年增加。特别是近几年来，国内一些高校纷纷合并后，教学、科研、行政管理的水平都不断地提高。鉴于以上原因，高校图书馆要根据自身及师生的研究方向和专业不同的客观情况，提供有针对性的高质量、多层次、多视角的信息服务。

（1）向毕业生提供就业服务

高校图书馆应该密切关注毕业生就业问题，同时利用图书馆的现有资源为毕业生提供就业服务。例如，建立"毕业生求职信息库"，将有关工作单位的信息资料收录到信息库中，毕业生可以通过该数据库搜寻和查找适合自己的职位，以便及时与用人单位联系，找到称心如意的工作。

（2）向学校党政领导提供管理信息服务

高校的党政领导在从事行政管理工作中，会遇到多方面的问题。此时，他们需要高校图书馆信息服务人员为他们及时提供有关国内外政治、经济、时事以及与他们工作密切相关的高校管理方面的信息情报。通过借鉴这些先进、科学的管理方法，有助于学校的各级领导在制订工作方针及计划时做出正确决策，促使学校在各个方面都能够更好、更快地向前发展。

4. 开展个性化网络信息服务

个性化网络信息服务是指信息服务者为满足用户的个性化信息需求，以现代的信息推送技术及个性化定制技术为依托，并针对用户的喜好、习惯等开展个性化信息服务。目前，国内各高校通过开发利用"我的数字图书馆"系统实现个性化服务。这个系统涵盖了多个可定制的选项，如定制快速检索、我的图书馆链接、我的全文数据库，等等。通过运用个性化网络信息服务，高校图书馆的信息服务将会更加体现以读者为本的服务理念。

5. 一站式服务方式

一站式服务，就是商家备有充足的货源以便尽可能地让消费者在一个商店里买到所需的全部商品。目前，这一概念已被引进到信息服务业，并成为信息服务业的追求目标。一站式信息服务，就是信息服务机构凭借种类齐全的馆藏资源，满足用户的不同信息需求。用户只需求助于一个信息服务机构就能获得他们所需要的全部信息。在网络环境下，高校图书馆提供的一站式信息服务是指高校图书馆在其网站上尽可能完备地提供各种信息资源，同时在其网页中安装个性化信息服务系统，用于满足用户的个性化信息需求。用户进入高校图书馆信息服务系统提供的个人主页后，只要一次性地输入登录号和密码，就能方便、快捷地获取所需的全部信息。一站式信息服务方式的运用，是高校图书馆信息服务创新的生长点，对高校图书馆信息服务创新具有重要意义。

（四）管理创新

管理在高校图书馆信息服务工作中起着重要作用。众所周知，只有管理好，才能提升工作效率。从微观来说，管理是一种发展思路，这种思路要与时俱进，要不断适应新的外部环境。高校图书馆在信息服务工作中要采用先进的管理方法，促进高校图书馆信息服务工作的各个环节不断地向好的方向发展，实现整体效能的提高。高校图书馆信息服务要想实现管理创新就要运用好的、先进的管理办法，例如，全面质量管理、集成管理等。将这些先进的管理理念与高校图书馆信息服务的实际情况相参照，从适合图书馆实际情况的切入点入手，积极汲取先进的管理思想，指导高校图书馆信息服务更快、更好地发展。同时，高校图书馆应完全改变传统的设置业务部门的方法，以用户为中心，对业务流程进行重组。相对微观管理来讲，宏观的管理思想就是要彻底打破各个高校图书馆各自为政的格局，由目前的图书馆情报管理体制变为以国家为单位的图书情报管理机构。这样不仅实现了资源的共建共享，而且避免了资源重复建设的浪费。同时，这个以国家为单位的图书情报管理机构还可以在经济、法律等方面维护图书情报界的正当权益，促进图书馆事业的蓬勃发展。

（五）技术创新

1. 信息推送技术

信息推送技术是指信息服务人员根据不同信息用户的需求，将信息自动发送给信息用户的先进的信息技术。对于高校图书馆来说，只要其在自己的网络站点上建立一个专业的、为用户提供信息的服务频道，就可以针对不同用户开展主动的信息推送服务。目前，信息推送技术已经成为高校图书馆信息服务开发的重要方向之一。信息推送技术包括两种，即事件驱动技术和自动拉取技术。事件驱动技术以信息服务者和信息用户事先设定的规则为参照，当信息服务者通过判断规则符合设定要求时，就将相关信息发送给用户。自动拉取技术是指信息用户有信息需求时，就将需求发送到图书馆的网站上，图书馆根据用户的具体需求找到相关信息后，通过网络向用户发送。信息推送技术具有易操作、时效性强等特点，高校图书馆利用这些突出特点可以节约用户在图书馆网站上搜索信息的时间，还可以帮助用户及时获取热点信息等。

2. 信息转播技术

信息转播技术是以信息采集服务器为依托，将符合要求的全球局域网点全部可访问信息通过信息集成镜像的方式收集到局域网里，这些被采集到局域网里的信息再经过转播服务器的统一组织，提供给信息用户。信息采集服务器与转播服务器之间通过其他专用通道传递信息。高校图书馆信息服务采用这种非直接的转播方式进入互联网，可以达到节省财力、服务安全的目的。高校图书馆信息服务工作运用这种先进技术后，只需将相似的需求内容检索一次就可以向多个用户转播，从而省去了多次检索相似内容或反复访问某个网站的麻烦，也达到了节约经费的目的。同时，由于信息采集服务器与转播服务器之间通过专用通道传递信息，可以防止黑客的攻击，方便信息转播顺利进行。

三、优化高校图书馆信息服务模式

目前，高校各项改革正在广泛而深入地进行，作为高等学校三大办学支柱之一的图书馆也应站在改革的前列，因为它在教学与科研中起着重要作用。因此，高校图书馆必须以全新的改革思想，转变职能，紧紧围绕学校的办学方针，更好地为教学科研和广大师生服务。

（一）由封闭型服务模式向开放型服务模式的转变

图书馆历来的工作任务主要是收藏、保管图书文献，它提供的服务是封闭的、静止的、被动的，工作人员以管理图书为主，主要工作是办理借还。在网络化的今天，这样的封闭型管理模式已不能适应社会发展的新形势。因此，图书馆的改革首先是更新观念，创造出一个新的管理方式，将图书馆这个知识宝库的大门向读者敞开，对学生实行一系列全方位、开放型服务，让学生成为图书馆的主人，在选取图书、查阅资料等方面给予最大的自由度，以便更好地发挥其主动性、进取性和创造性。衡量一个图书馆办馆水平的高低，应该着眼点于其所藏图书能否达到最大限度地有效开发和利用。信息资源利用得越多越广，所带来的社会效益和经济效益也就越高。因此，高校图书馆必须充分利用藏书丰富、设备先进、人才济济的优势，最大限度地对学生开放利用，确保信息开放的实际需要。

（二）由被动型服务模式向主动型服务模式的转变

现代科学技术的高速发展和新技术革命的挑战，要求图书馆管理人员必须以崭新的积极主动的高效优质服务配合学校的中心工作，紧紧追逐和洞察当今世界各学科领域的最新发展趋势，为学校教学科研人员及时提供准确的信息。同时，密切关注和掌握大学生的内在心理需求和思想动态，不断丰富、充实和调整学生需要的信息渠道来源。做好阅读指导、报告会专题讲座、阅读倾向调查、论文征集、组织文艺沙龙等，对及时指导和帮助大学生起着重要的作用。一个现代化的图书馆必须重视对文献信息的开发和利用，注意把"死"知识变成"活"情报，使潜在的知识为读者利用，成为有价值的智力资源。因此，图书馆的工作人员应不断开拓服务模式，及时地把新的信息和学术研究动向主动提供给读者。不仅要做到"为人找书"，而且要做到"为书找人"，有针对性地将最新资料提供给读者。

（三）从"信息情报型"服务模式向"育人育才型"服务模式的转变

高等学校图书馆工作从根本上是为教学和培养人才服务的。发挥教育功能是图书馆的重要任务之一，图书馆不仅是传播知识的窗口，而且是教书育人的阵地。图书馆除满足学生专业需要外，还要注意配合学校加强对大学生的思想政治教育，按照把德育放在学校工作首位的要求，举办书籍展览、讲座、报告会等，并开展多种形式的导读工作和书评活动，引导读者读好书育好人。图书馆里收藏的文献是前人思想的结晶，一本好书，不但能给予人知识的营养，而且能给人注入勇往直前的精神力量。一个人伴随着知识的提高，对周围的是非就会有分辨能力，同时还会养成一些好的品德。而人们在索取知识、利用知识的过程中，需要不断地实践、探索，这也就培养了人们的自学能力和创造能力。当人们真正走进图书馆时，阅读古今中外优秀的著作时，就会不自觉地产生一种科学向上的精神。

第四章　大数据时代高校图书馆的信息服务创新研究

第一节　大数据对高校图书馆的影响

一、大数据的概念阐释

（一）大数据的产生背景和基本概念

自古以来，人类就运用数据表达自然和社会现象，随着科技的发展和社会的进步，人类产生的数据也不断增长。从工业革命以来，人们更加注重数据的作用，不同的行业先后确定了自己的数据标准，慢慢地积累了大量的结构化数据。随着计算机通信和网络技术、数据分析技术、数据查询技术、数据处理技术的出现，大大提高了结构化数据的处理能力。近年来，受互联网的影响，涌现出大量的文字、图片、音频、视频等半结构化、非结构化数据。人们通过物联网、云计算等平台发布和获取信息变得更加快捷。如今，在通信行业、科学研究、互联网应用、电子商务、人们日常生活领域等出现了大规模的数据集。这样的数据集不断地发展壮大，标志着大数据时代已经来临。

大数据是一个抽象的概念，是指利用常用软件工具获取、存储、管理以及处理数据所耗时间超过可容忍时间的数据集。大数据是一种数据量大、增长快速的信息资产，它需要新处理模式的加入才能具有更强的决策力、洞察发现力和流程优化能力。这仅仅也是一个描述性的定义，只是在对数据描述的基础上加入了处理这些大数据的一些特点，然后再用这些特点对大数据进行描述。

（二）大数据的基本特点

1. 数据量大

近年来，受到云计算、物联网、社交网络迅速发展的影响，人们产生的数据呈爆炸式增长。人们通过互联网查询和分享信息虽然更加方便快捷，但是人们有意识或者无意识地分享信息也会产生大量的数据，这些数据累加起来就形成了一个庞大的数据集。大数据已经出现在人们的日常生活中，或多或少地给人们的生活带来了影响。在某种程度上，人们需要加强对个人隐私的保护，也需要充分适应大数据给人们带来的改变，适应它给每个人的生活带来的便利。

2. 数据结构多样性

以往的数据类型和数据结构都呈现出单一格局，而大数据的数据种类和数据形式都比较复杂多变。由于计算机技术的快速发展，新型交流方式的产生让人们对数据的获取产生了强烈的意愿。现代化的通信设备，例如智能机、平板电脑等的出现，也使得用户随时随地产生了获取新消息的意愿。正是由于人们想主动获得数据，单一的数据类型已经无法满足人们的日常需求，伴随而来的就是半结构化和非结构化数据的产生。所谓结构化数据，就是指数据的处理是将事先已经分析好的数据的属性用结构表进行表述，将结构表存储在指定的数据库当中，供人们再一次使用和传播。非结构化数据是指人们平时上网收发的邮件、浏览的各种新闻，等等。非结构化数据是不规则的数据，人们自己往往很难处理。通过对结构化和非结构化数据的处理才能满足人们日益增长的物质文化需要，因此，大数据时代数据的类型结构是多种多样的。

3. 数据处理时效性

由于每天都有大量的新数据产生，如何及时地处理这些数据成为大数据时代一个非常重要的环节。如何让这些数据发挥更高的效率，成为人们所关心的问题。如果获取数据的速度逐渐变快，产生数据的速度也会大大提高。为了提高数据的使用率，必须快速处理这些数据，因为数据永远不会静止。它在不停地运作，如果数据得不到及时处理，将会失去其应有的价值，这便是大数据处理时效性原理。大数据技术就是通过对大量数据流进行处理或者批处理，满足数据的时效性。数据处理的时效性就是大数据时代数据处理的重要特点。

4. 数据价值密度低

大数据主要以结构化数据和半结构化数据为主，且非结构化数据之间的价值关联度不高。为了获得事物的全部信息，大数据处理会采取全部数据的整体采样。所谓的价值密度低，是指在大量的数据中真正有用的数据量很小，例如一段监控视频可能长达两个小时，而其中只有两分钟的信息是人们所需要的，这就是大数据价值密度低的表现。还有定义是这样解释的，就单纯的数据而言不存在对或错，如果将数据关联起来就有对错之分了。因为非结构化数据是随机出现的，这些数据组合起来就可能会有错误信息的产生，这也是产生大数据价值密度低的原因。同样，大数据可以加强企业信息安全的处理，让企业了解到他们的产品是如何向着高水平方向运行的。也就是说，通过新的方式和技术的结合分析一系列数据，这样，人们就可以实现新的业务洞察力。

（三）大数据时代的社会变革

从人类社会发展历程来看，无论是农业社会、工业社会还是信息社会，在每一个新的社会发展阶段，人们的工作方式、生活方式以及思维方式等都会发生巨大的变革。信息社会环境下，数据资源的大量积累和数据价值的广泛应用推动了大数据时代的来临，现代商务、政府决策、学术研究等活动无一不在量化发展的进程中。大数据蕴含着全面开启信息技术、资源管理、社会职业活动等各个领域深刻变革的巨大能量，正在明显地改变着人们的生活方式、工作方式和认识世界的方式，成为创新服务和变革发展的巨大推动力。大数据时代带来的社会变革主要体现在技术、思维和管理三个方面。

1. 技术变革

信息技术的发展和应用是大数据产生的基础，互联网信息、物联网信息、传感器中的位置信息等导致了数据规模空前扩张，数据量的增长远远超过了现有管理架构和基础设施的承载能力，数据处理和应用的实时性也对现有计算能力提出了更高的要求。如何盘活巨量数据资产，使其为政府决策、企业发展、社会治理以及个人生活等服务，是大数据时代需要解决的核心问题。数据存储、数据分析、数据挖掘和数据可视化等需求推动着信息技术领域一轮又一轮的技术变革。数据库技术开始向分布式架构发展，数据管理和数据分析解决方案此起彼伏。当前盛行的云计算能够为海量数据的存储、计算和应用提供多种服务，其中具有超级计算能力的技术成为大数据发展的基石。

2. 思维变革

大数据技术正在重塑人们周围的世界，既为信息社会的快速发展带来了巨大的能量，也为人们的工作和生活带来了许多不可思议的变化。数据存储、数据挖掘和数据分析等技术正在发生翻天覆地的变化，受此影响，人们认识世界、理解问题和做出决策的基本方式也正在改变。正如"互联网+"思维的快速兴起，人们普遍开始借助互联网式的思维方式开展工作，并将网络化和数据化融入自己的日常生活。此外，在数据分析过程中，从采集样本数据到分析全体数据，从讲求精确性到接受混杂性，从关注因果关系到关注相关关系的思维变革，成为大数据时代人类探索世界的关键。数据获取、存储的便利性和数据价值的潜在性使越来越多的数据得以保存。数据处理能力的极大解放使人们在分析数据时不再局限于小数据时代的随机抽样，与被分析对象相关的所有数据即相当于样本数据，全数据分析模式将成为人们分析事物与探索规律的基本方式。然而在所有数据集中，并不是每一条数据都是精确无误的，小数据时代为追求分析结果的准确性，必须确保样本数据的高质量，而在大数据时代，混杂数据的精确性很难得到保障，数据容错率大幅度提高。大数据通常能够揭示事物发展的规律和发展趋势，而不是追求确凿的结果，在数据分析过程中需要做的就是接受这些纷繁复杂的数据，从中提取价值。思维方式的重大变革为人们认识世界提供了新的视角和更加快捷的途径，事物间的相关性受到越来越多的关注。

3. 管理变革

大数据时代管理的核心理念是从规模庞大的数据资源中挖掘出最大的应用价值。为更多地获取数据信息，人类记录、测量的能力和欲望不断增强，数据化范围不断扩张，似乎一切事物和现象都处在一个量化的进程中，甚至人们日常生活中走路、吃饭等都能以数据的形式记录、保存和分析。而且在这样的环境中，几乎所有的数据都被认为是有价值的，先进的数据分析工具和设备可以帮助人们更快、更大规模地进行数据处理。数据重组、数据再利用、数据扩展和数据废气等数据的创新应用最大限度地释放了数据的隐藏价值，为管理领域带来了根本性的变革。在商业管理领域，企业将数据作为最宝贵的资产，拥有数据意味着拥有强大的市场竞争力；在公共管理领域，政府部门积累的海量数据资源成为无法估量的价值源泉，数据开放成为社会利益驱动下最大的公共诉求。与此同时，大数据也带来了隐私保护和管理上的极大挑战，在先进的信息技术的支撑下，数据收集和数据分析的无孔不入使传统的隐私保护策略纷纷失效，人们的隐私变得无处遁形。因此，在大数据时代，数据的合理获取和科学管理更为重要，既要有效释放数据的潜在能量，又要竭力保护用户的隐私信息，寻求数据开放和隐私保护之间的平衡将给社会各领域、各行业带来一场管理规范上的巨大变革。

二、大数据引发高校图书馆思考

（一）高校图书馆拥有的大数据

高校图书馆大数据的来源也具有多样化特征，除了传统的电子图书、期刊、论文数据库等结构化数据资源外，还包括以下大量的非结构化信息资源。

1. 智能设备数据

如射频识别数据信息，装有射频识别图书的信息，可以自动实现资源的跟踪和分析；又如门禁系统，保留有大量读者的进馆出馆信息，可以帮助图书馆工作人员根据读者的来馆时间，做好相应的人员配备，提供更好的服务。

2. 物联网数据

通过在图书馆不同位置或环境中放置传感器对所处的环境和资源进行数据采集；通过长时间积累，可以产生大量的数据，有助于分析图书馆的使用情况，从而便于优化资源配置。

3. 互联网数据

随着社交网站的普及应用，这部分数据的产生速度超过以往任何一个传播媒介，由于参与用户众多，且数据中包含用户丰富的情感特征，是图书馆服务的一大评价指标来源。

4. 科研共享数据

高校图书馆作为一个科研服务中心，需要构建科研数据共享平台。科研数据是指数字形式的研究数据，包括在研究过程中产生的能存贮在计算机上的任何数据，也包括能转换成数字形式的非数字形式数据，如调研结果、神经图像、实验数据、传感器读取的数据、遥感勘测数据、来自测试模型的仿真数据等。科研数据是研究过程中重要的研究成果，具有巨大的研究价值。长期以来，高校虽然有丰富的科研数据，但是往往局限于本课题组、本单位使用，没有经过有效的整理和建库共享，造成了科研数据资源的极大浪费。因此，科研共享数据是图书馆需要重点收集的一个大数据来源。

5. 移动互联数据

随着高校移动图书馆的普及，图书馆可以利用移动互联技术，获取大量读者访问数据，分析读者的使用习惯、阅读倾向等，进而帮助图书馆开展有效的分析，预测其知识服务需求。

（二）高校图书馆具有大数据特征

随着图书信息资源的不断发展，读者对于图书馆的要求也越来越高，在大数据时代，图书馆开始具有大数据特征。

首先，图书馆的数据资源既有一些基本的文献资源、光盘数据资源、网络资源等，也有一部分读者信息和提供服务的信息，还有图书馆自身发展的数据信息，这些数据在编码和格式上无法达成统一，形成了大量的异构数据。

其次，图书馆的数据资源每天都在增长，全国图书馆数据资源总量是一个庞大的数据集。图书馆必须根据用户的服务信息等数据做出相应的服务策略转变，对大量数据的分析与潜在价值挖掘变得不可避免。

再次，图书馆一些新兴服务方式的出现，如24小时服务、其他网络服务等，增加了用户的数据信息，要对这些数据进行挖掘和整理需要一些限定的条件和环境。

最后，虽然图书馆已经进入了一个发展比较迅速的阶段，数据库的记载与统计也达到了新的水平，但是这些数据还需要进行异构处理，找出新型服务方式。

（三）大数据带给高校图书馆的价值

大数据的价值在于可以通过人工智能、计算机科学、数学统计、信息技术等多个交叉学科的大数据技术的应用来挖掘隐藏在大数据背后的世界。目前高校图书馆利用大数据的价值主要包括以下几方面：

1．为资源采购提供决策支持

通过读者使用资源的交互数据，如图书浏览、借还记录、数据库访问、下载记录等，可以有效地评估读者对各种资源的使用情况，通过较集中的访问历史可以预测读者关注的热点，从而为资源采购部门提供决策支持，对需求大的未购买资源增加订购，而使用率不高的资源可以减少或取消订购，从而让有限的资金购买更适合读者需要的资源。

2．为读者提供个性化服务

高校图书馆里包含大量读者个人使用图书馆的记录，通过读者的咨询记录、借阅记录、数据库访问记录、检索记录、下载记录等用户使用图书馆资源的所有足迹，同时可以结合读者的专业，及其教务部门提供的个人选课信息、成绩情况等，分析读者的兴趣点、服务诉求和学科需求，把适合的资源向其主动推送，为读者提供个性化服务，实现图书馆由被动获取转为主动服务的职能转变。通过不断地主动为用户进行探测性的推荐服务，持续性地获取用户的反馈信息，从而对其服务需求进行修正，提高个性化服务的可靠度和精准度。

3．为学科提供研究方向及热点变化

图书馆可以利用大数据对学科进行聚类分析、热点预测、网络分析、可视化分析、引文分析、知识关联分析等技术构建学科的知识图谱，从宏观上分析相关学科领域的研究方向和研究热点，为科研人员特别是新进入研究领域的学者，以及面临选题困难的硕士生、博士生大幅度地提高研究、学习和创新的效率，让他们可以节约文献调研的时间，迅速地洞察学科领域的研究进展，确定自己的研究方向。

4．为科研人员提供学术共享环境

高校科研人员在长期的科研活动中，通过观测、探测、试验、调查等科学手段积累了大量的科学数据，这是高校宝贵的数据财富。图书馆有义务采集这方面的数据，同时利用科研人员相同或类似的资源需求，为相同学科或研究方向的科研人员构建虚拟社区，形成学术交流圈，共享科研数据，创造良好的学术共享环境。

（四）大数据时代高校图书馆定位

大数据的应用将为图书馆大规模数据处理、数据分析、资源整合、开展个性化服务、提升服务能力和服务水平提供新的思路和方案。我国图书馆界学者已从不同的视角对大数据与图书馆的相关问题，如对机遇、影响等进行了研究，这对于推动大数据在图书馆的应用、提升图书馆的服务品质等方面有着较大的理论价值和现实意义，同时我们还要关注大数据视角下的图书馆定位及新动向。

1．图书馆的业务与服务重点应向上游转移

不管是传统图书馆还是数字图书馆，从资源的利用流向来看，图书馆的业务与服务重点均在下游，即资源的组织、利用与保存。然而在大数据时代，图书馆用户服务并不仅仅依靠结构化数据，如书目资源库、机构知识库、语义化信息等，还可能依靠大量的非结构化数据和半结构化数据，如用户的信息查询行为、阅读习惯等，通过数据挖掘、数据分析等方法为用户提供有针对性的个性化服务。因此，数据的收集、存储、分析、处理将成为图书馆的主要业务，即通过大数据的某些关键技术将海量的复杂数据进行协同处理，再将通过数据挖掘、可视化分析等形成具有情报价值和决策参考价值的服务信息提供给用户，以便用户通过图书馆获得准确、及时、有效的信息知识，实现业务与服务向上游转移。

2．图书馆应成为公共数据存储、处理、分析与服务中心

图书馆，特别是公共图书馆作为现代社会公共文化服务的重要组成部分，在文献传递、社会教育、娱乐休闲等方面起着重要作用。加强信息技术的应用，延伸图书馆服务，是近年来我国图书馆界的主要建设目标。但随着全社会进入了一个以密集型数据的相关分析、处理来推动社会创新发展的大数据时代，图书馆服务拓展到了大数据分析、处理领域，图书馆的定位将不只是社会文化服务机构，而是要集社会公共数据存储机构、公共数据分析机构、公共数据处理机构、公共数据服务机构于一身，担负起时代赋予图书馆的更加重要、更加凸显社会存在价值的使命。

3．图书馆应是一个完整的网络体系

大数据技术对于图书馆的价值所在即是其在用户服务中的应用。目前讨论最多的是数据分析、数据处理和数据服务，而这些技术的实现需要充足、大量的数据支持，既包括用户在图书馆的信息行为数据，也包括在社会场所的数据；既包括在一所图书馆的借阅行为、人际社交等数据，也包括在其他信息机构的此类数据。因此，在大数据时代，图书馆应借助可能产生用户数据的多个图书馆的数据支持，甚至还需要借助包括商业中心、社会服务中心、娱乐中心和工作空间等在内的信息中心的数据支持，只有图书馆间形成协调工作的有机网络体系，才能真正实现数据的共知共享，最大限度地满足用户需求。

（五）大数据时代高校图书馆面临的挑战

随着现阶段信息技术的发展状况及信息资源的利用需求，如何正视大数据给当前图书馆各个方面带来的冲击及挑战，是理解什么是"大数据"所必须掌握的内容：

1．数据量增长带来的存储能力及计算能力的挑战

在飞速发展的数字信息环境中，数据成本下降促使数据量急剧增长，新的数据源和数据采集技术的出现使数据类型增多，各种非结构化的数据又增加了大数据的复杂性，但从大数据应用中却可以发现具有极强挑战性的科学问题及社会问题，而这有助于推动以大数据为基础的科学研究第四范式，促进图书馆形成新型知识服务范式，而现有数据中心技术难以满足大数据的应用及知识服务需求，整个知识服务架构的革命性完善势在必行。首先，存储能力的增长远远落后于数据量的增长，设计最合理的分层、分级存储架构已成为信息资源管理及知识服务体系的关键；其次，移动互联网技术的完善使得数据移动较之以往更为频繁，而数据的移动亦成为信息资源管理最大的开销，这就促使知识管理从传统的数据围绕着计算能力转变为计算能力围绕着数据转；最后，高通量计算机，高可靠性、高可扩展性、高可用性的规模、语义、统计及预测等数据分析技术，新的数据表示方法等都是亟待解决的技术问题。

2．由传统常规分析向广度、深度分析带来的挑战

数据分析成为图书馆知识服务体系创新与完善必不可少的支撑点。图书馆不仅需要通过数据了解现在知识服务过程中发生了什么，而且需要利用数据对科研创新合作过程及合作交互型知识服务过程将要发生什么进行分析和预测，以便应对图书馆未来所面对的生存危机，在行动上做出一些主动准备。值得补充的是，这些分析操作除了包括数据关联关系分析、时间序列分析、大规模图分析、社会网络分析及移动平均线分析等广度及深度分析之外，还包括常规分析。

3．基础设施挑战

数据量及非结构化数据的迅速增加，使得存储及计算规模不得不随之增大，导致其成本急剧上升。出于对成本的考虑，越来越多的知识服务机构将应用由高端服务器转向中低端硬件构成的大规模计算机集群，从而对支持非结构化数据存储及分析的基础设施提出了很高要求。第一，需要将存储、计算需求分布到为大规模分布式数据密集型应用而设计的基础设施中；第二，需要拥有经济高效的存储与计算能力，足以获取、存储和分析较大存储容量的数据，并拥有足够的智能分析能力来减少数据足迹（如大数据压缩、自动数据分层及重复数据删除等）；第三，需要拥有可快速将分块的大数据集复制到集群服务器节点进行处理的网络基础设施；第四，需要拥有保护高度分布式基础设施和数据的可信应用体系的软硬件基础设施；第五，作为人力及智力基础设施，技能熟练的图书馆馆员也是图书馆大数据研究及处理最值得期待的挑战之一。

三、大数据推进高校图书馆应用的进程

（一）国外大数据推进图书馆应用的实践

国外图书馆推进大数据应用的实践主要有以下几种：一是建立知识服务社区实体行为智能分析引擎；二是开放馆藏资源；三是积极开展大数据项目的研究；四是争取专项经费改善基础设施；五是组建数据咨询小组，设立信息专员。

（二）大数据推进高校图书馆应用的基本架构

我国图书馆要想成功地推进大数据，就必须将"角色定位、服务转型、文化编织"这几个核心思想贯穿到具体工作中去，让人们关注更多的是图书馆的"服务职能"，而不仅仅是它的"空间场所"。这样大数据的核心价值（不在于储存了多少数据，而在于获取了多少有用的信息）在图书馆才能从真正意义上得以体现。基于此，有关学者提出了我国高校图书馆应用及推进大数据的基本框架。

1. 人才方面

大数据是一项前沿技术，需要懂技术又有跨学科背景的专业人才才能掌握，操作难度较大。因此，大数据人才的挖掘与培养是目前亟须关注的领域。可从以下三方面入手：第一，区别对待，有针对性地培养。充分发挥领导"知人善任"的才能，将本馆工作人员根据学科背景和工作能力进行分类排队，结合实际有针对性地培养。如对云计算、物联网、移动互联网、大数据等专业知识有理论专长的工作人员，就从技术层面去加强培养；对信息科学、心理学、管理学等其他学科知识有一定了解的工作人员，就从专业服务员的方向去发展等。第二，交叉互补，"多能型"挖掘。即先将所有具备一定业务技能的馆员都按"多能型"人才进行培养，通过对有实践经验的弥补研究方法、对懂研究方法的弥补专业知识的方式，最终挖掘出符合需要的人选。第三，争取条件，引进人才。图书馆要重塑形象，要以良好的内外环境和优质的待遇吸引人才，特别是吸引更多的大数据人才到图书馆来。

2. 资源方面

（1）纸质文献资源的整合

图书馆系统有海量的门禁数据、传感器数据、射频识别数据及借还数据等。人们可通过借阅数据的类目排列得出图书的利用率，从而进行整合；也可采用射频识别无线射频识别技术实现文献资源的跟踪分析，进而根据用户个性化需求实现整合；还可利用传感器数据进行预测性分析，得出读者最喜欢的、最需要的，或者哪种环境最适宜读者取阅实现整合。不管哪种方式，整合的结果就是将利用率高的、受读者喜欢的、最需要的文献安排在方便取阅、位置好、光线好的楼

层；将利用率不高的安排到密集书库；将那些"无人问津"或者残缺不全的旧书进行打包剔除。整合的目的在于更贴近读者，满足读者的需求。

（2）电子信息资源的数字化

随着信息技术的迅猛发展，人们接收信息的方式正在发生巨大变化。然而，传统图书馆尚在向数字化图书馆转型，阅读数字化、服务数字化、管理信息化等虽已进行到不同阶段，但"数字革命"尚未成功。总之，图书馆电子资源的数字化就是信息资源数字化、信息传递网络化、信息利用共享化、信息提供知识化和信息实体虚拟化。因此，图书馆要抓住大数据的机遇，将数字化进行到底。

3．技术方面

如果说云计算为数据资产提供了保管、访问的场所和渠道，那么如何盘活数据资产，使其为国家治理、企业决策乃至个人生活服务，则是大数据的核心议题。如何把握大数据带来的技术优势与分析方法，有效提高图书馆智能决策能力是图书馆在新形势下的一大难题。

4．服务方面

随着人们阅读方式的转变，图书馆需重新定位，服务必须转型。要树立"用户在哪里，服务就在哪里"的服务理念，学会有效利用现代信息技术提升服务水平、拓展服务项目。实践表明，只有创新服务并将其延伸到具体实践中，图书馆才有生存的价值和旺盛的生命力。

（1）基于"个人门户"概念开展个性化信息推送服务

个人门户就是以个人为中心的互联网入口网站，它向用户提供能够选择个性化服务的路径，将各种价值的数据和互联网资源集成到一个信息管理平台，并以用户个性化的页面布局呈现出来。

实践证明，通过个人门户平台，图书馆能把最快、最有价值的信息聚合起来，使用户能实现所有互联网信息的"一站式"阅读体验。高校图书馆作为以研究为基础、以服务为主导的学术研究型图书馆，其"个人门户"式的信息推送服务就是基于读者行为习惯的组合式网页。具体来说，利用个人门户平台，图书馆可以开展图书预约通知、文献邮件传递、在线参考咨询等业务信息推送。

（2）设立信息专员，开展知识服务

从学科馆员到信息专员，既是名称的变化，也是服务模式的转变。信息专员更强调"嵌入式"的知识服务，强调将学科馆员的服务与目标用户及其需求紧密结合。信息专员在合作项目中的具体工作有以下四项：一是协助和参与多种服务，包括为各用户定制相关数据信息、信息管理、电子资源试用等；二是协同嵌入服务，即与合作方在深度项目上进行协同，包括从事深度文献检索、经费支持下的协同、建立数字门户和用户专用研究间等；三是文献述评，即参与到研究的各阶段，演示文献信息检索与调整文献评价、合成与摘录数据等，并最终形成可检索的数据库；四是实践指南，除了提供文献支持外，还为员工创建一个引文管理数据库，方便项目组成员使用。

（3）文献传递与快递服务

这是将营销理论运用到图书馆的一项有偿服务。近几年来，馆际互借和文献传递是图书馆向读者提供的两种常规服务项目。馆际互借是"图书馆之间根据协定，相互利用对方馆藏以满足本馆读者需求的文献外借方式"。而文献传递服务则通常是指"（图书馆）向其最终用户提供文献的一个完整过程，包括明确地表述和发出请求以及对文献的物理和电子提供过程的管理"。可见，文献传递是馆际互借服务的进一步发展与细化。

（4）嵌入式教学服务

高校图书馆不仅是文献资源服务中心，而且肩负着教育的职能。用户信息检索技术、获取知识的能力、信息评价和利用能力等直接影响利用图书馆的状况。如将信息素质教育"微化"嵌入教学课程中，能有效提高用户利用图书馆时的基本素质、应用素质及综合素质，还能对信息进行分析、评价和再利用，从而充分发挥图书馆服务职能的附加值。

（5）"纸云"融合的阅读推广服务

"纸云"融合的阅读模式，一是利用图书馆现有的环境和自动化系统联机公共目录查询系统定期开展新书及经典图书的推荐、数字资源的宣传培训、各种形式的讲座等馆内推广活动；二是利用图书馆网络平台开展读者书评、阅读比赛等活动，从而营造一种开放、共享、有序的阅读氛围。相信随着阅读活动在图书馆及全国的深入推进，无论纸质图书还是电子资源，在未来都会有巨大的增量。

5. 管理方面

大数据对图书馆的管理也产生了深刻的影响，它所具有的区域间、行业间、部门间的穿透性正在颠覆着图书馆传统的线性的自上而下的管理模式。现实表明，图书馆的有些管理已经不适应时代的发展，需要进行改革。

协同合作是一种致力于建立长久紧密的战略合作伙伴关系的管理思想，是当下热衷的一个话题。大数据环境下，为了实现资源共享、优势互补、风险共担，图书馆有必要广泛开展协同合作，建立包括技术、资金、信息、人才交流在内的密切往来关系。

6. 基础设施方面

我国图书馆首先要对自身准确定位，定位成学习、休闲、生意洽谈等场所；其次要以积极主动的个性化、多样化的服务来吸引用户；最后还要善于广泛争取项目经费来改善设施。

信息技术的发展，让我们从"信息贫乏"时期一跃进入饱受"信息过载"之苦的阶段。我们要学会从自发到自觉、从局部到整体、从微观操作到宏观管理的方式去应对大数据带来的各种困惑和挑战。大数据在我国图书馆的应用及推进是一项系统工程，并不是一蹴而就的，因此，在技术发展到足够高度之前，有关大数据的处理与应用还在不断磨合中。

第二节　大数据时代高校图书馆信息服务的创新策略

一、重视大数据技术，树立大数据思维

（一）大数据获取

高校图书馆数据资源的主要来源可归纳为三大部分：网络环境下的数字数据、传统的馆藏资源数据和行为及环境数据。网络环境下的数字数据包括数字化文献资料数据、网页数据、读者信息数据等；传统的馆藏资源数据包括馆藏纸质资料、音像资料等；行为及环境数据包括读者和馆员的行为数据、图书馆的环境数据等。其中，网络环境下的数字资源已经被数字化的数据捕获。随着科学技术的发展，传统的馆藏资源可被扫描及数字化，读者的入馆情况、借阅情况等行为能够通过刷卡设备、自动借还书机等自动化设备来完成并记录相关数据，读者对环境的喜好也可通过架设传感器或识别设备完成检测，因此，在条件许可的情况下，高校图书馆应尽可能引进这些有助于获取行为及环境数据的设备。

通过单个高校图书馆的数据分析行业发展动态和局势，所得到的结果也是孤立的、片面的、不完整的，它的结果不足以反映和预测在高校图书馆领域中读者对图书馆服务需求的趋势。要使高校图书馆数据在大数据中发挥更有效的作用，就需要集结更多高校图书馆的数据，才能形成一个更加庞大且更加完整的数据集。通过全国范围内高校图书馆合作，形成大数据时代下的新型图书馆联盟。在高校图书馆联盟的合作中，形成统一的、可持续发展的大数据运行机制，将日常工作中捕获的各种数据上传、共享，这样就可以避免数据的孤立性、片面性、不完整性的问题。同时，在数据共享过程中能够形成统一的数据格式，更有利于同行的数据分析和行业内的信息交流。

（二）大数据存储和分析

在大数据生态系统中，数据的存储和分析是挖掘大数据价值的核心所在，足够的存储空间和数据分析能力对高校图书馆所获取数据价值的实现有着重要的

作用。信息化和数字化的环境让数据成本下降，使得数据产生的方式和种类更加多样，促使数据量的迅速增长。数据产生的范围更加广泛，研究对象的行为、喜好，甚至每一个小动作都会产生半结构化、非结构化数据，其数据的组成方式也越发复杂。移动互联网技术的发展让移动数据成为高校图书馆大数据的重要组成之一。数据量的急速增加，必定导致存储空间的增大、计算规模的扩大、存储和计算成本的上升。这种趋势对高校图书馆现有的基础设施，特别是存储设备和计算设备提出更高的要求。高校图书馆需要一些既经济又高效的存储及计算设备，以满足巨大数据量的获取和存储。目前，云计算为海量数据的存储以及计算带来了希望，但如何有效地利用云计算技术成为当今高校图书馆迎接大数据时代所面对的又一挑战。

除了设备上的要求以外，拥有熟悉计算机方面技能和数据分析方面技能的技术人员也是大数据能否在高校图书馆发挥作用的重点。高校图书馆的优势在于置身于高校科研环境下，拥有众多计算机方面研究的学院、实验室或团队，这些单位往往拥有数据分析方面的人才，但在研究上通常缺乏数据来源。高校图书馆若能与这些单位相互合作，则能互补不足，在解决高校图书馆数据分析、人才和技术方面的难题的同时，也能为这些单位提供数据支持。

（三）大数据安全

大数据研究在提升图书馆读者服务质量方面具有广阔的前景，大数据资源将成为图书馆的核心资产。图书馆在利用数据处理、数据挖掘、数据分析等技术获取大数据蕴藏的具有高价值的创新服务模式，提高服务质量的同时，需要保护事关国计民生、具有自主知识产权的重要数据，以及有关个人隐私的数据。图书馆要想实现双赢，就必须重点考虑如何确保各类数据资源存储安全、如何降低网络安全威胁、如何防止隐私泄露等问题，建立一套科学健全的安全、保密措施，包括从技术层面保障存储安全，提高网络安全防范技术；建立数据监管体系，对读者和图书馆的重要数据、敏感数据、隐私数据进行监管；加强图书馆信息安全制度建设，建立完善的保障体系；对于数据的开放程度、范围等，要进行明确划分，严格的监管、执行，惩处措施也不可或缺，这样才能确保我国图书馆进行合理、合法的数据信息利用和传播，从而实现既充分发挥大数据的优势，又不侵犯用户隐私的双赢目标。

（四）大数据思维

大数据要求高校图书馆获取和分析大数据，更要求高校图书馆通过数据分析解读读者的需求，能够通过数据分析探寻正在发生或预测出将要发生的可能性，为高校图书更好地改进服务，为制定方针政策提供智力支持，而且有利于高校图书馆应对未知的挑战和危机。可以说大数据的获取和分析是基础，通过数据挖掘、分析、判断和预测则是大数据的重点，也可称之为大数据思维。良好的思维团队能够通过让枯燥的数据活跃起来，在海量的数据中寻找到事物间的潜在关系，从而发现更多奇妙的机遇。高校图书馆需要拥有大数据思维的团队或个人去发现数据与服务之间潜在的联系。

思维团队可以是有着大数据思维的团队或个人，他们不一定拥有海量的数据，不一定拥有高超的数据分析或计算机能力，也不一定是具有图书情报专业知识的专业人才，他们的优势在于能够先人一步发现机遇，根据数据分析思考各种潜在可能。这种可能性不仅是过去所说的事物之间的因果关系，而且是从随机的大量的数据中发现事物之间存在的联系。高校图书馆在重视数据捕获、数据存储和分析的同时，还需要注重发现和接受一些对图书馆服务拥有创新想法的团体或个人，不放弃任何一个新奇古怪的新思维。

大数据获取、大数据存储和分析、大数据思维可以被看作大数据生态系统的重要组成要素，也是高校图书馆在大数据时代下面临的三大挑战。高校图书馆若能处理好这三大问题，大数据就能更好地为高校图书馆服务，更快、更准确地锁定图书馆领域的发展趋势，准确地发现读者的需求，以提供最贴心的个性化知识服务，快速弥补图书馆现有服务中的不足，不断提升高校图书馆的核心竞争力。

二、优化高校图书馆信息资源建设

（一）转变管理思维

随着数字图书馆发展进程的快速推进，高校图书馆资源建设已经经历了由量变到质变的发展转型阶段，目前国内各高校图书馆的数字资源业务数据急剧增加，并已经超越了纸质业务数据。数字资源在建设、传播、存取利用方面，具有传统文献无法比拟的优势，已成为图书馆资源建设的核心内容。因此，高校图书馆应该着眼于数字资源的多样化建设，除数据库、电子图书、电子期刊、电子学位论文等传统形式外，还需要多加关注电子音乐、电子教参、数字图片、电子艺术品等数字资源的建设。此外，智能终端等的采购应用也是实现数字资源多样化建设的体现，它们基于网络、流量、人机互动的信息传播方式，让阅读行为更加多元，信息渠道更加丰富。

大数据环境下，读者习惯通过网络获取信息，希望更为方便地享受服务。所以在大数据环境下，高校图书馆需更加为关注读者的个性化需求，积极主动地挖掘读者的潜在需求。总体而言，大数据环境下的图书馆管理思维应向敏锐抓取读者的潜在阅读需求并满足它的方向转变。

（二）适度调整各种资源的比重

一般图书馆的馆藏资源包括印刷型文献（以纸张为载体，如纸质书本）、缩微型文献（以感光材料为载体，如缩微胶片）、声像型文献（以磁性材料为载体，如唱片）、计算机阅读型文献（如电子期刊、电子图书等）和网络型文献（以联机方式为读者服务）。国内高校图书馆，特别是中小型图书馆往往注重印刷型文献的馆藏，而其他类型文献的馆藏很少。在大数据环境下，图书馆要转变这种资源建设思维，更加重视电子资源建设。

（三）注重非结构化数据的建设

目前我国图书馆提供的是基于结构化数据的服务，而半结构化数据和非结构化数据的增长速度远远大于结构化数据。在图书馆领域，每年结构化数据的增长是较为有限的，而与读者有关的非结构化数据却每天都在快速增长。所以，高校图书馆应优化非结构化数据的收集与服务。高校图书馆应采用大数据技术，动态分析与图书馆相关的读者需求，为读者提供匹配的读者需求。

（四）数据资源治理的转型

高校图书馆的多样化数字资源建设带来了海量的信息数据，各馆普遍存在着重获取轻管理、重数量轻质量、重使用轻安全的现象，因此，高校图书馆应树立数据治理的理念，对数字资源的数据进行合理的分析、优化、重新整合，确保在使用过程中信息数据的高质量性、安全性和可靠性。高校图书馆需要不断扩大存储容量，服务器采用新存储技术和能力更强的大数据技术，转向非结构化的存储架构，构建存储系统，在软件、硬件上实现数据的系统化、信息化、标准化建设。满足对海量数据的分析、处理、挖掘等运转的要求，最大程度上实现信息资源的应有价值。

（五）信息资源共享的转型

在大数据时代，高校图书馆对数字资源的建设要结合自身用户需求以及自身学科优势来建设，并积极开展区域性的合作，实现馆藏资源的共建共享，密切跟踪开放获取资源，联合数据商研发可靠高效的信息资源存储挖掘分析系统，向读者提供更经济、更高效、更全面的馆藏信息资源。大数据环境下，面对信息"快速、简单、准确"的要求，高校图书馆要全面提升服务能力。高校图书馆未来需加大资源的揭示力度，提供一站式服务，通过异构数字资源的融合、聚类和重组，使资源从数据层的揭示与展现转向信息层、知识层的深度服务；利用时间轴、地域轴等知识图谱可视化展示方式将资源呈现给用户；依托融合的物联网、移动通信网以及互联网络进行传播，最终让用户可以实现通过电视、电脑、手机等多种终端接收数据；加强用户数据分析，实现个性服务；促进业界合作建设，实现共知共享。

三、推动高校图书馆馆员发展

大数据环境下，高校图书馆的建设和服务需要使用先进的信息技术，尤其是对数据分析能力的要求较高。一方面，可以通过外包或者引进优秀的技术人才，打造图书馆的核心信息服务平台，提升图书馆自身的软硬件实力；另一方面，大力培训现有的馆员，学会灵活使用建设的大数据信息服务平台，对平台有最基本的维护和运用能力，能够对日常接收的海量数据在现有的分析平台上做基本的分析和处理，从而获取有价值的信息。

（一）大数据时代对图书馆馆员能力的要求

在大数据时代，大数据给读者带来方便的同时，对图书馆馆员的能力提出了更高的要求。

1. 具有图书情报学专业技术知识。为了更好地为读者服务，图书馆馆员需要具有文献检索、信息管理、文献分类编目、管理学等方面的知识，同时要关注本专业的发展状况。

2. 具有较强的计算机技术能力和外语能力。为了给读者提供及时周到的服务，图书馆馆员需要掌握常用的计算机应用软件技术，熟练操作图书馆内各种软件和数据库；具备较强的外语能力，方便了解国外最新文献信息，以便更及时、更有效地为读者传递信息。

3. 具有较高的数据素养。在大数据时代，图书馆馆员不仅要在零散、海量的数据中研究读者的兴趣及需求，而且要发掘数据后面的事物发展规律并提供给读者，工作会涉及数据的收集、分析、管理与评价等内容，因此要求具备一定的数据操作、辨别、应用的能力。

（二）大数据时代高校图书馆馆员发展之路

高校图书馆可以从各个方面提高馆员的职业素质，比如提供外出学习交流的机会，让馆员了解行业的发展，发现自身的优势与不足，结合实际情况制订发展方向；邀请图书馆专业的专家到学校开展讲座，让馆员从中学习、成长；图书馆制定激励制度，让馆员有学习的压力和动力。作为馆员，在思想上、行动上都要主动积极，才能更好地适应大数据环境下图书馆的发展。

1．具有"以人为本"的个性化服务意识。如今"以人为本"的个性化服务理念逐步深入图书馆，图书馆馆员要具有"以人为本"的思想意识，更深入地了解读者需求，更有针对性地提供服务，才能使读者群体愿意走进图书馆。

2．掌握图书情报学专业知识并具备计算机外语能力。在大数据时代，图书馆馆员必须有较强的数据分析、处理能力，才能为读者提供更高质量的服务，这就要求馆员掌握图书情报学专业知识和计算机知识，从大数据中挖掘有用的信息并创造价值。较强的外语能力则让馆员如虎添翼，与时俱进。

3．不断学习新知识、新技能。在大数据时代，将会有更多新技术、新设备应用到图书馆，读者群体的知识结构更加完整，知识水平更高，对文献检索及加工的要求也相应提高。图书馆馆员要保持旺盛的求知欲，要积极面对工作中的新鲜事物，不断学习各种新知识。

大数据时代赋予了图书馆新的使命，对图书馆馆员来说也是一种机遇和挑战，能具有"以人为本"的个性化服务意识、掌握图书情报学专业知识、具备计算机外语能力、保持积极向上的学习精神，图书馆馆员将会在这场改革中占据制高点，成为一名优秀的图书行业工作者，为图书馆事业贡献出自己的力量。

四、实现高校图书馆的信息服务转型

（一）基于数据挖掘的图书采购

高校图书馆的采购工作是图书馆工作的重要组成部分，图书采购水平的高低直接影响着馆藏建设的质量，更关系到图书馆提供科研服务和教学服务的水平。大数据环境下，有效地分析读者需求成为可能，在图书馆的联机公共目录查询系统中有大量的搜索记录、借阅系统中有借阅记录、读者荐购系统中有荐购记录，通过对这些数据进行挖掘、分析，能准确定位读者需求，从而为其提供有价值的文献资源，而不是仅仅依靠图书馆的荐购系统或采购人员的经验去采购图书。

（二）大数据支持的虚拟参考咨询服务

参考咨询部门主要负责解答读者在利用图书馆过程中产生的各种问题，在通信技术和网络技术普及应用的条件下，实时虚拟参考咨询应运而生，咨询员不再受地域、时间的限制，可在网上实时解答读者问题。

（三）阅读服务的延伸与推广

大数据时代为高校图书馆的阅读服务的延伸与推广提供了客观条件与便利。高校图书馆可以建立馆际关系，借助大数据环境，实现资源共享。此外，还可通过各种媒体、渠道等向师生员工传播阅读的理念，也可以开展专家讲座、书刊展览、征文演讲比赛、创客大赛等活动在校内外进行阅读推广。

（四）高校科研数据的知识整合

在大数据时代，同时拥有数据并具备大数据思维才能在未来的发展中占领先机。随着数字化的发展，高校图书馆加快了数字化进程，纷纷购进电子图书、网上数据库，然而教师和学生通常都把图书馆当作提供免费资源的部门，只是检索、下载所需的网上资源，忽视了图书馆的重要性。为了摆脱尴尬困境，高校图书馆不但要提供文献资源、电子资源、空间资源，而且要加强对高校各个院系、校属科研单位的实验数据、科研成果、学术报告等进行收集、监管、整合，证明自己对学校、社会的价值，进而受到重视。通过对这些数据的分析，挖掘出高校科研前沿和教学新动向，提供定时上门服务、电话咨询等方便灵活的借阅方式，为学校科研、教学的发展作出贡献。另外，高校图书馆应长期监管保存高校院系、校属科研单位的科研数据，构建特色资源库，保持科研的延续性。

（五）基于数据分析的嵌入式学科馆员服务

学科馆员制度逐渐成为高校图书馆提高竞争力的主要服务，反映了高校图书馆服务领域的变革和创新，表明高校图书馆工作已经形成了与学科、学者、读者相关联的互动式服务。

随着服务理念的深化以及用户需求的变化，嵌入式学科馆员服务应运而生。与传统的学科馆员服务不同，嵌入式学科馆员服务更深入用户，参与到用户的学习、科研中，为用户随时随地提供个性化、学科化、知识化、泛在化的服务；以用户需求为中心，用户需要什么，图书馆就提供什么，从而深层次挖掘用户需求。这就要求学科馆员以院系学科为导向，将院系用户在图书馆检索和浏览电子资源、文献资源时留下的行为数据进行数据分类，挖掘用户浏览、下载的文献出处、关键词、摘要等，归纳出用户感兴趣的主题，从而提供有针对性的增值服务。大数据环境给嵌入式学科馆员服务提出了新的要求，通过对大数据的分析提升嵌入式服务的水平，也是未来图书馆服务值得探讨的方向。

五、整合高校图书馆信息服务发展路径

（一）创新服务理念，从根本上践行"以人为本"的服务理念

高校图书馆信息服务的改革与创新要以理念创新为先导，从根本上践行"以人为本"的服务理念，主动了解用户的信息需求，并能根据用户的信息需求，积极探索，深入分析，提供更多的信息源和解决问题的方案。同时，还要具备超前服务理念，分析用户将来可能面对的问题和新的信息需求，提前做好信息资源的储备。此外，在大数据环境下，还要不断帮助用户提高信息检索和文献获取能力。

（二）基于学校学科建设，拓展信息服务渠道

学科建设与发展是高校核心竞争力的关键。高校图书馆要将信息服务嵌入教学和科研一线，融入学科建设当中，需做到以下几点：①建立并实施学科馆员制度，加强图书馆与各院系的联系，每位学科馆员针对教师科研与教学开展针对性的信息服务工作，尤其是针对一些重点项目，开展全方位的信息服务和情报支持；②构建重点学科专题信息导航，对互联网上相关重点学科资源节点进行搜集、评价、归类、组织，将最优秀的网站资源提供给用户，帮助其快速、准确地获得所需的相关权威机构、出版物、专家、学术动态等信息，充分发挥学科导航在学科建设中的作用；③建立学科信息服务平台，全面、有效地整合相关学科网络信息资源、学术热点追踪与评估、学科期刊投稿信息等，并提供在线沟通、信息交流与共建共享等功能与服务，实现学科资源的一站式服务。

（三）深化个性化信息推荐服务

高校图书馆可以根据对用户的浏览内容、检索历史等大量非结构化、半结构化数据的挖掘，发现用户的兴趣和需求，向其进行动态页面推荐和提供个性化信息定制服务，达到当用户查询一个关键词或浏览一条信息时，能提示给用户更多的关键词或用户可能会感兴趣的相关信息，定期向用户推荐专题信息资源。例如，①根据访问用户的兴趣和偏好，向用户推荐相关专题信息；②当发现符合用户兴趣或需要的新信息时，及时通知用户；③跟踪用户兴趣模式的转变，发现用户的最新需要；④构建用户个性化信息定制平台，根据用户的定制，定期向用户提供最新的相关信息。通过这些方式，高校图书馆可以开展更有针对性的信息推荐服务，改进用户体验，提高服务质量。

（四）引进图书馆信息营销理念

在图书馆信息服务中引入营销理念，是大数据时代图书馆创新信息服务方式的大胆尝试，是对传统服务观念的一次变革，更是图书馆信息服务过程中以人为本服务理念的直接体现。开展信息服务营销使得图书馆信息服务发展具备了持久的内在动力。图书馆对自身的信息产品及信息服务进行分析、调研，然后有计划地采用促销及分销手段进行信息营销，在实现信息服务与信息用户价值交换的过程中满足用户的信息需求。对于图书馆而言，这个价值交换的过程可以将信息资源的内在价值充分发挥出来；而对用户而言，信息资源的实际使用价值大大提高，实现在大数据时代的双赢。具体实施过程中，首先，图书馆要将信息服务作为自身的营销对象，对目标用户的实际信息需求进行收集与分析，即营销理论中的市场调查；其次，根据用户信息需求的特点，以自身的馆藏资源为基础，针对用户开展一系列营销活动。可以预见，大数据时代图书馆的信息服务必然会得到进一步发展，而信息营销理论的应用也将越来越深入，范围也会越来越广。比如，以互联网为依托，把图书馆信息服务搬到网络上来开展服务营销；也可以将内部营销、外部营销、互动营销等有机结合起来，形成一套完整的信息服务营销体系，利用各种营销策略促进图书馆信息服务水平不断提升，并向着品牌化的方向发展。

（五）与其他机构建立合作关系

在大数据时代，我国高校图书馆资源建设的重点加快向数字资源建设倾斜，而网络技术的普及应用则促使图书馆与其他机构建立合作关系，比如合作开展馆藏资源数字化、开发整理网络资源等，以改善信息服务的质量，促进图书馆的可持续发展。如与当地文化部门进行合作，利用数字技术优势保存当地的非物质文化遗产；也可以与其他机构联合起来开展图书馆馆员的培训活动，既可以降低培养成本，也可以提高图书馆信息服务的专业化水平。需要强调一点，即图书馆要与其他机构加强用户服务方面的合作，尤其是信息咨询服务。现阶段，我国的信息服务市场正处于培育阶段，主要体现在两方面：一是现有的信息机构所提供的信息服务无法满足社会公众的信息需求，大数据时代社会各行业均向着数字化、信息化的方向发展，其中存在着大量潜在的信息用户及信息需求；二是信息用户处于信息服务市场的中心地位，而其对信息服务产品的需求越来越呈现出多样化、个性化的特点，因此需要进一步提高信息服务市场的异质性，并对市场做进一步细化。而图书馆基于竞争的角度对自身与其他机构之间的关系进行重新解读，则可以更加客观地认识到自身的优势与劣势，从而提升自身的综合竞争能力。

（六）资源共享，建立图书馆联盟

目前，云计算、大数据等诸多计算机技术的成熟不仅为用户带来了方便快捷的体验，而且为资源共享服务提供了强有力的技术支撑。

近年来，随着一些图书馆联盟的出现，各个图书馆意识到了良好的图书馆发展建设离不开彼此间的共建共享。在大数据时代，大数据和云计算技术可以进一步提高这种联盟合作深度，进一步加大信息资源的共建共享程度，最大限度地释放资源的流转和共享能力。同时，图书馆联盟可以组织建设大数据资源共享平台，通过平台连接不同的高校，再通过客户端连接到各个高校的不同使用者。这样的共享模式不仅能够最大限度地共享资源，而且能够通过联盟更加强大的大数据资源共享平台，解决单个高校建设这种资源共享平台能力不足的问题。

六、强化高校图书馆移动信息服务

（一）利用机遇，发挥优势

我国高校图书馆移动信息服务的高速发展，是建立在高校图书馆网络技术不断提升，移动终端设备的软、硬件水平快速提高的基础上的，基数越来越大的信息用户群也可以算作其快速发展的原因之一。在学生用户的阅读行为中，高校图书馆作为大学校园里重要的知识服务平台，承担着极其重要的任务。因此，高校图书馆在通过向用户提供移动阅读体验活动，发挥着移动信息服务优势的同时，仍需深度利用丰富的馆藏资源，继续发挥专业学术文献的特色。同时，高校应加强开展移动信息服务的宣传力度，开展以移动信息服务使用为主题的讲座，让高校图书馆移动信息服务被用户所了解和接受，进而主动使用。

（二）增强优势，消除威胁

在大数据时代，移动信息资源的数据量大、格式种类繁多、资源数据化结构也相对丰富，因此，高校图书馆在发挥这些自身优势的同时应当避免由于复杂数据带来的潜在威胁，做好图书馆系统运行的统一格式和标准，与标准规范保持一致；移动设备价格高、上网费用高成为高校图书馆开展移动信息服务的阻碍，因此，高校图书馆可与通信运营商、终端设备提供商等进行合作，给予高校特定的优惠，加强高校无线网络覆盖程度和信号强度，提供移动设备租赁等服务，为用户提供方便、优质的移动信息服务。高校图书馆可借助自身移动信息服务平台的优势，加强与移动运营商的合作，优化服务内容，降低阅读成本，促进移动信息服务的发展。

（三）善用机遇，规避劣势

移动设备功能的不断优化和普及使移动阅读成为当今的流行趋势。高校图书馆应该跟上时代的脚步，迎合用户的阅读行为变化。因此，开展移动信息服务是高校图书馆发展的必然趋势，这样才能解决用户日渐增多的移动信息需求和移动阅读资源匮乏两者间的矛盾。首先，从高校图书馆本体来说，开发移动信息服务客户端的技术能力薄弱。大数据时代下，移动信息资源的种类大量增加，高校图书馆应该吸引专业技术人员的加入，也可加强与其他手机软件开发技术公司的合作，共同研发移动阅读所需的相关技术服务，解决当前出现的各种技术问题。其次，资源是图书馆保持核心竞争力的重要筹码，但是由于在大数据时代，大量信息资源版权问题的增加限制了高校图书馆对海量信息资源的获取，因此，高校图书馆应该在尊重信息版权、信息网络传播权的基础上，为用户提供最大范围的移动信息服务。

（四）克服弱势，消除威胁

目前，我国高校广泛普及移动信息服务，用户不但可以通过使用移动设备终端直接获取数字出版商提供的信息资源，而且可以使用其他数字内容提供商的移动信息。高校图书馆应该加强图书馆馆员在移动信息服务方面的培训并提高馆员的信息素养，从人才方面入手，提升高校图书馆移动信息服务的核心竞争力，吸引专业技术人才的加入，用以加强对客户端软件和技术内容的开发，在为用户提供其真正需要的移动信息资源的同时，仍尊重网络信息版权，利用和开发馆藏核心的移动信息资源。与世界先进的移动信息服务接轨，并寻求与网络运营商的合作机会，从根本上深化高校图书馆移动信息服务，拓宽移动信息服务的广度。

信息服务作为高校图书馆工作的永恒主题，处于不断的改革与创新当中，这既是信息化社会发展的需要，也是高校图书馆自身发展的需要。本文在论述大数据的含义及特点的基础上，提出高校图书馆要运用大数据的思维与技术，与时俱进，创新服务理念，优化数字资源建设，加强学科服务，深化个性化信息推荐服务，探讨改革与创新信息服务的途径和方法。而高校图书馆信息服务的改革与创新是一项系统工程，除了要采用先进的信息技术提供现代化的服务外，还要不断创新服务内容，重组服务流程，加强馆员教育与培训，这样才能为用户提供更贴心、更方便、更快捷、更有针对性的信息服务，构筑高校图书馆的核心竞争力。

第五章　智慧时代高校图书馆服务创新研究

第一节　高校智慧图书馆服务现状及优化对策

一、高校智慧图书馆服务概述

（一）高校智慧图书馆服务的特点

高校智慧图书馆除了包括现实中的空间之外，还包括了各种例如光电声、湿度温度、设施等一些环境，同时还囊括了网络中一些虚拟的东西，例如社交网站、交流的氛围以及阅读氛围等。智慧图书馆创建的原本目的是通过智能化的映像服务提供更好、更智能的服务。因此，它的根本目的是提供服务，让用户能够满意才是最终的出发点和落脚点。

科技不停地蓬勃发展，自我丰富，高校智慧图书馆便是在此背景下产生。虚拟现实、人工智能、云计算、大数据技术、物联网、互联网等科技是高校智慧图书馆蓬勃发展的源泉。使用者能够打破时空的局限，将虚拟现实与空间阅读场景相结合，以获得视、听、触觉的阅读乐趣。智慧图书馆包括智慧网络、智慧资源、智慧家具、智慧建筑、智慧用户、智慧馆员、智慧治理、智慧服务等多维度。

传统高校图书馆是通过人工提供服务，但高校智慧图书馆是把使用者作为重点，利用"互联网+"、移动计算、云计算、移动终端生成的架构的信息处理科技，使用各种移动客户端、无线网把服务信息传达到学校的每个地方，让服务信息渗透到校园之中，使图书馆遍布在学校各个角落，实现图书馆自由移动，甚至在此之后遍布社会，高校智慧图书馆具有跨越时间和空间、便捷、泛在的特点。参考文献资料的搜索需要联机公共目录书籍检索系统，使用服务应用窗口，将存在于入口端的消息资料聚集起来再次加工、再次过滤、再次总结、再次分拣、再次存储，将存储与出口端的消息快捷、方便、安全地输送出来，使用者能够搜索到相对更加齐全和专业的参考文献资料。使用者使用图书馆时不会受时间和空间束缚，更不会遇到存储受局限的问题。然而，在如今的智慧服务的过程中，使用者会用到包含几个服务的手机软件，因此，对于移动客服服务终端的设施在硬件方面要求更高，且使用者必须清楚不同的运用模式。

（二）高校智慧图书馆服务建设的目标

目前，"智慧"的理念已经家喻户晓，许多网络技术，例如大数据、人工智能，都开始在人们的生活中出现，而图书馆在这种技术思潮之下必然也需进行改造。这几年如何建设好智慧图书馆这个课题慢慢被越来越多的专业人士所研究，而且图书馆在提高我们国民素质方面也是很关键的一环，因此，建设智慧图书馆有非常不错的发展空间。智慧图书馆服务研究进程在逐渐推进的过程中，人们所获得的研究已经逐渐开始触及智慧图书馆建设的本质和核心，越来越多的图书馆把"以人为本"作为自己的服务理念，然而，这些研究目前来说还不够成熟，还需要时间去发展和度过初级阶段，并且关于智慧图书馆在很多方面还有问题需要探索和解决。

（三）高校智慧图书馆服务建设的意义

高校图书馆作为社会文化服务体系的有机组成部分，需要加快谋划，努力向智能化、智慧化方向转型，不断提升信息和知识服务的能力。

提高高校图书馆的服务质量和服务水平。近年来，高校图书馆投资增加、馆藏资源不断丰富，但由于缺乏有效的集成和管理方式，特别是在爆炸性信息和用户多样化、个性化信息需求的背景下，高校图书馆应用智慧的数据信息服务整合图书馆文献资源，为其丰富的资源优势以及学校科研和教育工作提供资源保证和智慧化服务。

智慧图书馆服务的建设不仅能使设备之间通过智慧图书馆实现立体互联，而且能为大数据分析奠定基础，加强"互联网+"背景下个性化定制服务的产业结构链改革，优化用户阅读体验。智慧图书馆服务的建设依托图书馆技术和空间资源，为用户提供基于生态场景的智慧服务，如匹配场景信息和个性化阅读习惯的多形式资源及馆内导航服务。

二、高校智慧图书馆服务优化对策

智慧图书馆有效整合了技术、资源、服务、馆员和用户五大要素，打破了传统的图书馆服务模式，以智慧服务满足用户的需求。为实现对用户进行智慧化的精准推送，分析用户的行为和需求，理解其阅读偏好是必不可少的。智慧服务需要知识建模和披露，以及多源信息中知识和数据资源的集成。遵循创建智慧图书馆的概念，需要建设不同的服务平台来提供更多的智慧服务。要让拥抱新平台变得更容易，这样就可以与用户习惯进行无缝连接。

结合现下的新技术，全面了解用户需要，收集相关数据，提供出具有个性化的全新用户服务，使用户和图书馆之间形成智慧的交互，再建立出高效的智慧平台，提高用户使用体验感，同时也提高了用户的阅读效率，节省阅读成本，这就是智慧图书馆的最终发展目标。对于每一个单独的用户，都能为其提供个性化的服务，这就是"智慧服务"的最大特点。

（一）智慧服务优化对策

1. 高校图书馆智慧服务优化设计

就高校而言，建设智慧图书馆服务的目的是更好地提高智慧服务质量，对用户负责是提供该服务的关键所在，并提供满足用户需求的服务。由于近几年网络技术高速发展，通过联结互联网和移动技术可以增强网络服务的深度与层次，减少服务的时间。而且，由于移动设备的便捷性，需要普及智能移动终端设备。现在人们往往想通过便捷的、可移动的电子设备，比如电脑、手机以及电子阅读设备获取信息。由于这些电子设备是便捷的、可移动的，所以不会受限于空间和时间，用户可以在任何时间、任何地点，以任何方法查阅自己所需的信息和资料，真正实现信息获取的便捷性。

智慧图书馆的另一个比较突出的特点是可以随时随地提供服务，也就是所谓的泛在服务。这需要利用用户的智能移动终端设备，从而突破时空的界限，根据用户的个人特点为其提供个性化的推荐，最终拓宽智慧图书馆的服务方式以及服务领域。在智慧服务方式下，通过物联网等各类信息技术、智能移动终端以及云计算，将数字图书馆和实体图书馆从给用户供以单个方向服务转变成给用户供以双重方向智慧服务网络的泛在服务。

2. 建立健全智慧推荐服务系统

建设智慧服务的根本目的在于提升用户智慧化的个性推荐服务系统，可以在有效地满足用户多样化服务需求的基础上提升用户体验感。随着可穿戴技术、红外检测、人脸识别以及射频识别等技术的不断进步与完善，智慧服务的个性化优势得以进一步发挥。图书馆应当对相关智能技术加以广泛运用，充分发挥大数据资源的价值与作用，坚守循序渐进、服务优先、智慧管理、数据决策的原则，打造以数据为驱动的个性化推荐服务系统，进一步提升个性化推荐服务水平。

通过调查分析得出，高校图书馆目前的推荐服务和真正意义上的智慧图书馆服务之间仍旧有很长一段路要走，为了更加深入地推进高校图书馆的智慧服务构建模式，本书给出了以下建议：

（1）智慧推荐服务仍需进一步优化。智慧推荐作为高校智慧图书馆服务当中的关键角色，应当得到足够的重视。高校智慧图书馆有必要利用智慧推荐技术，在综合考虑用户的数据信息之后，为用户提供个性化的推荐。未来需要扩大图书推荐的比重，真正意义上的智慧推荐一定要围绕用户，综合考虑用户的个性，仔细研究用户的行为和需求，借助于技术创建出用户核心模型，对用户偏好进行推断，积极提供推荐服务。

（2）应当更加关注智慧推荐的新颖性以及多样性。智慧化推荐系统除了应当保证推荐精度以外，还能够拓宽用户兴趣。其任务不只局限于精准推荐，还应当拓宽用户的信息视野，为其提供符合个人兴趣的信息。所以，智慧推荐服务不仅要保证较高的准确性，而且应考虑到其新颖性以及多样性。

（3）高校图书馆既要积极开展合作，也要不断提高其研发水平，尽可能地通过信息源丰富多样等优势，对用户的深度需求有进一步的认知。为了尽可能多地借助于高校师生信息，高校图书馆应当不断优化系统设计及提高研发水平，给用户带来一个更好的智慧推荐服务，建立和完善高校智慧图书馆服务模式，使高校图书馆的真正价值得以彰显。

为了上述目标的顺利实现，图书馆应当加大对大数据资源的统一管理与收集，进一步提升大数据管理水平，积极收集用户访问、浏览社交平台时的各类数据信息，以及有关用户的下载记录、检索、借阅等服务数据。在为用户优化和升级智能、个性化、推荐的服务系统时，必须实施针对用户需求的基本原则，提高用户对核心数据的使用，管理及采集时的可靠性与主动性。以现有数据为基础，结合参考历史数据，创建可控、科学、合理、安全的大数据发展规划，确保个性化智能推荐服务系统的推荐结果精确有效。与此同时，在发展个性化推荐服务的同时，应加强对用户隐私的保护力度，确保信息安全。

（二）智慧图书馆资源服务优化对策

1. 重视联盟合作，构建特色资源

随着网络技术的发展，面对海量的信息资源，为了吸引读者，图书馆必须建设自己的馆藏资源和以服务为导向的特色资源。通过关注长期发展过程中积累的丰富文化资源，了解读者的需求，从专业领域、学科、类型、语言等方面形成图书馆特色资源体系，并在此基础上不断发展，丰富资源和服务。

2. 打造基于用户需求驱动的微媒体服务平台

打造基于用户需求驱动的图书馆智慧服务是图书馆的宗旨。新图书馆系统除了为用户提供资源发现、全文阅读的基础服务以外，还可通过用户荐购服务满足用户个性化需求，实现精准服务。用户荐购服务是一个新兴产物，高校图书馆应根据本馆的实际情况，从小范围开始试用，逐渐推广到更大的模块，分阶段、分层次实施，及时梳理、总结实施过程中遇到的问题与经验。

由于用户需求和期望的改变，高校图书馆也应改进其服务模式，笔者认为，图书馆可开通电子图书在线阅读及线上图书试读的功能。电子书一经出现便以其方便存取、携带便捷的优势获得了用户的喜爱，成为文献出版和阅读的重要形式。目前高校用户荐购服务还没有得到足够重视，今后的发展方向可倾向于此，升级荐购服务，优化其操作环境，完善功能模块，丰富服务内容，加强用户荐购服务的智能化大数据分析能力，并基于此加强热门推荐、主题推荐、最新资讯等智能推荐功能，甚至可以加入相关期刊的荐购服务，提高用户对于资源的可获取性，以此带动用户的阅读热情。

（三）建立馆员智慧服务平台

1. 提升馆员智慧服务能力

智慧图书馆的核心便是馆员自身及其智慧。智慧图书馆的建设只有依靠智慧馆员才能完成。智慧馆员指的是馆员既能够融入图书馆当前服务管理体系中，又可以迅速了解并掌握相关智能技术知识，能够利用智能化工具帮助用户对知识进行集成加工、有效分析、深入发掘。提供专业服务以满足客户的信息需求，从而为用户提供智能化、独特化、情景化的知识增值服务。

本书认为，可从以下几个方面提升图书馆馆员的智慧服务能力：

（1）适当提升馆员学历。建立对于智慧馆员资格考试机制，提升智慧馆员的智能技术运用能力，并综合知识技能及服务能力的全方位考查，进而挑选出一批高水平、高素养的馆员，在此基础上对其进行强化训练，提升智慧馆员的综合能力。

（2）定期开展馆员培训工作。可以通过论坛、讲座、宣传会等对馆员的数据挖掘能力和分析能力进行培养与提升。为有效提升馆员服务水平，需要馆员以主动服务来替代传统的被动服务。

（3）调整组织管理制度。基于组织结构的动态调整，确定图书馆员能力提升的目标。进一步加快学习型组织建设，积极转变服务理念。采用新的分级制度化管理模式，进一步提升智慧馆员的创造力。

按照该行业角度进行分析，由于大数据以及人工智能这一系列科学技术层出不穷，图书馆用户对深层次以及个性化的服务有更加迫切的需求，因此，高校图书馆为了能够在不断变化的社会体系里有比较好的市场前景，及时研发和采用新兴科技是不可缺少的方面，高校图书馆要专注于提高自己的活力，确定转变方面，以获取用户的肯定，从而体现出自己的价值。这便是高校图书馆智慧服务需要的发展前进方向。

从管理到图书馆馆员的智慧化服务都是为了满足用户的需求，与信息服务和图书馆馆员管理相关的资源获取、资源管理、系统监控、资源收集、用户服务、分析和决策被集成到一个新的系统中，以便统一操作，并集成了电子资源管理、链接解析器、云端以及本地存储的数字资产管理和纸质资源管理，使得图书馆馆员的工作更加方便高效，提高了管理效率。

2. 打造基于智慧检索的内容维度的服务平台

智慧服务"以人为本"的服务理念需靠智慧检索来完成。只有实现了智慧检索，智慧推荐才能够得以实现。用户想要获得所需信息，首先就需要进行信息检索，智慧图书馆系统的功能之一就是使用户检索变得更加高效、快捷和方便，以节省用户的时间。和传统检索系统相比，智慧检索系统除了在用户检索时查找信息更加迅速以外，还能够在用户对检索结构进行相关处理后及时调整相关检索信息，并预测用户下一步操作。智慧化检索的检索基础就是用户需求的实现。

通过智慧检索系统，用户能够直接获取想要的信息，也就是说，系统已经提前过滤掉一部分垃圾信息，使用户在查询时耗费的时间更短、效率更高。大部分用户进入图书馆相关网站的目的是希望迅速找到自己想要的书籍，能够不用进行登录就能达到此目的。对于用户而言，最快获取信息的方法是不登录图书馆的网站。智慧检索的优点就是指向性强、目的性强，点击检索结果可以直接跳转到最终需要的页面，加快了获取信息的速度，使得检索过程变得简单，也使得检索所获得的结果变得更加精准。

就智慧图书馆的性质而言，它的定位并不是个体化推荐资源的，而是通过掌握用户的检索信息与行为，并对其进行分析与处理，将其转化为推荐的基础性资源，究其本质，它是一种信息挖掘。

现阶段，高校一般通过联机公共检索目录获得图书资源，用户根据此方式查找自己所需要的资源，从而进行浏览工作。由此可见，高校的用户行为均基于此，联机公共检索目录的质量决定了高校图书馆检索服务的质量。同理可知，智慧图书馆的进一步发展也是依靠联机公共检索目录的技术水平。用户检索信息的过程：首先，利用联机公共检索目录系统进行直接搜索，通过联机公共检索目录直接在后台记录用户的行为、用户的检索词，等等；其次，后台会根据所记录的用户搜索记录构建相应的个性化模型，根据用户的检索行为，探索用户信息的深层价值；最后，根据用户的喜好预测他们下次将会检索的内容，从而合理地向用户推荐他们可能喜欢或者感兴趣的内容。

智慧图书馆正是利用联机公共检索目录技术联系用户的检索过程和所需结果，将零散的信息转化为更有价值的信息，便于推荐他们喜欢的图书资源，从而减少用户检索的时间，更加准确地定位用户的偏好，而且这个过程对于用户而言是新颖的，可以吸引用户。

（四）加强智能化技术的引进应用

1. 高校智慧图书馆服务体系的架构

信息平台的构建是智慧图书馆多种功能实现的基础，在构建服务框架时，既需要将服务作为参考因素，也不能忽略智慧化在平台中的体现。

智慧图书馆的基本服务框架由用户层、应用层、传输层、物联层构成。其中，物联层主要是由移动终端、智能传感器、射频识别，查询式计算机、微媒体等部分组成，智慧图书馆的新书上架、图书指引等功能都是在物联层的基础上实现的。传输层根据不同设备的感知需求，通过移动通信网络、光纤等线路收集相关数据并传输到云计算，具有安全、可靠、准确的特点。

智慧图书馆最关键的组成部分就是云计算层。云计算具有资源集成功能，通过这一功能，能够将物联层采集、传输过来的数据重新整理储存，并可以定期进行相应的维护；此外，云计算层还可以处理接收到的相关特征数据，还有用户行为数据，以及用户交互数据，对这些数据进行统一管理。在云计算收集到的相关数据，对其进行处理后就可以实现对图书馆的智慧化处理，可以实现的功能包括：

（1）在模糊搜索的基础上实现精准查询。

（2）收集用户数据，构建大数据库。

（3）在感知图书位置的基础上实现智能定位功能。

（4）在交互的基础上分析出用户相关性，过滤掉协同资源。

（5）在用户浏览和相关操作的基础上总结出行为规律，并可以预测用户的下一步操作。在这些功能的基础上，使智慧图书馆更加人性化。

应用层的最直接功能就是实现用户和图书馆之间的交互。通过收集到的数据，构建出用户数据库，图书管理员可以在数据库的帮助下更加高效方便地完成图书更新、上架等工作，使工作变得更加简单，耗时更短；个性化推荐系统则是在用户过去浏览、查询的相关数据基础上，预测用户可能会查询的书籍或者会采取的行动，向用户推荐相关图书；在语义关联的基础上，可以提高用户查询的效率，节省用户的查询时间；自主借阅系统既节省了用户时间，又减少了工作人员的工作量；只要用户信息管理系统能够管理用户权限，就可以防止用户信息的泄露，与此同时，还能够在用户行为的基础上分析出用户的习惯偏好，提高用户学习体验感和学习效率；一方面，虚拟社交似的交流区域；另一方面，它也是由第三方社交上的用户组成的在线分享社区。用户可以随时分享自己的想法，实现实时沟通。

2. 内容维度的智慧图书馆服务

由于信息时代的到来和网络的迅速发展，现阶段，高校智慧图书馆蕴含着丰富的资源，不仅电子资源较多，而且纸质图书的种类和数量也十分多，只不过由于图书的存在形式与现在的社会主流形式相悖，用户无法或者不愿意获取此类形式的图书。现阶段，大家都喜欢利用虚拟现实技术、全息投影技术等观看或者体验图书，而不是仅仅观看纸质图书或者电子图书。

在构建内容维度的智慧图书馆服务时，第一，需要利用网络进行宣传，而网络可以根据用户的个人信息计算出用户的喜好，从而能够准确推送给用户合适的资料。第二，高校智慧图书馆的管理者可以根据不同的内容板块进行有区别的宣传，选择各种不同的宣传方式，也可以尝试通过专家讲座进行宣传，以此打开高校智慧图书馆的知名度；还可以通过与其他数据库共同合作的方式，提升高校智慧图书馆的图书资源水平，将智慧图书馆里涉及的人物介绍通过链接与相关的图片、视频等相连，使智慧图书馆的资源变得更加丰富多彩，也更加能够吸引用户的参与；甚至可以将智慧图书馆与虚拟技术相连接，从而增强用户使用智慧图书馆时的体验感。

3. 智能化技术的引进应用

打造智慧图书馆服务，应以技术为支撑，以智慧服务为目标。就高校图书馆智慧服务的开发而言，应当充分把握智能技术发展潮流，及时了解新技术发展状况，并根据图书馆的实际情况及发展规划，判断技术的适用性。与此同时，建立专业化的智能技术服务团队，实现新技术的快速引入，以及旧技术的二次研发，确保智能技术能够为图书馆的稳定高效运营提供支持与帮助。借鉴参考国内外智慧图书馆的发展经验，在智慧城市、智慧校园的打造中加以应用，确保智慧图书馆在智慧化建设中能够占据主动地位，获得一定的发展空间。在建设智慧服务时应用智能化技术也应格外关注以下几点：

（1）在创新技术时，应谨记以用户需求为核心的理念。

（2）在应用新技术的同时，应注意云数据的安全防护，同时提升知识产权保护力度。

（3）需要不断强化对于用户的训练，使用户能够得到更加优质的服务。

第二节　智慧时代高校图书馆服务的创新与发展

一、智慧时代高校图书馆服务创新的主要内容

高校图书馆收藏的文献信息、用户的信息需求以及馆员的业务能力和业务水平都是在不断增长、不断变化的，因此，要针对信息资源、读者、馆员和技术

这几个构成高校图书馆服务的要素不断地进行创新。高校图书馆的服务创新体系应是全方位、多层面的，由人及物，从观念到行动，从硬件到软件，构成一套完整的服务创新体系。

（一）高校图书馆服务理念的创新

理念是行动的先导，是连接理论与实践的纽带。理念的创新对高校图书馆的发展是十分关键的，网络技术和数字图书馆的发展是高校图书馆理念创新的基础和前提，用户对高校图书馆资源及其服务的需求是进行理念创新的根本动力。理念创新主要包括以下几个方面。

1．以人为本的理念

高校图书馆的管理先是对人的管理，这里的"人"包括两方面，一是图书馆馆员；二是图书馆的服务对象，即读者。高校图书馆的"以人为本"的理念应包含两个方面：一是作为服务主体的馆员的素质的提高；二是在满足读者需求的同时对读者进行教育，提高读者的素质并采取各种措施尽量满足读者的个性化需求。

2．个性化服务理念

信息服务的最终目标是满足用户的个体信息需要。数字图书馆面对的是建立在广泛基础上的信息需求日趋多元化、个性化的用户。个性化信息是指由人类个体特性所决定的其对信息的需求的一种信息组合，也就是由人类个性对信息需求的决定关系而产生的一系列对个体有用的信息。个性化信息服务包括两个层面的含义：一是通过对用户的个性、使用习惯的分析而主动地向用户提供其可能需要的信息服务，如个性化信息推送、信息服务定制等；二是个性化信息服务应能够根据用户的知识结构、心理倾向、信息需求和行为方式等充分激励用户需求，促进用户有效检索和获取信息，使用户在对信息有效利用的基础上进行知识创新。高校图书馆有其特定的读者群，应开展针对不同读者群体的个性化信息服务，如针对学习型读者的教学参考服务以及针对研究型读者的定题服务、个性化的信息推送服务等。

3．特色理念

每个图书馆都应该有自己的特色。图书馆的特色主要体现在馆藏特色、服务特色、管理特色、科研特色和环境特色等方面。高校图书馆应将重点放在馆藏特色上。馆藏特色是指馆藏文献在某一方面比较系统完整，能基本满足特定读者独立研究的需要，具体可表现为学科特色、专题特色、地方特色、类型特色、语种特色等。尤其是在学科特色方面，应根据本校的学科建设和专业设置，合理地配置信息资源，建立本校的特色数据库，为本校的教学、科研和重点学科建设服务。

4．信息资源共建共享理念

信息资源共建共享理念是20世纪信息需求和技术发展的必然产物。文献激增、资料价格飞涨、越来越多的新技术被使用，使资源共享不仅从经济方面考虑是绝对必要和可行的，而且要从合理使用图书馆资源方面来考虑，避免资源重复建设带来的浪费。高校图书馆可以以教育网为依托，以资源的电子化、数字化和网络化为基础，构建一个能相互联合协作的、整体化的、能充分实现资源共建共享的网络服务体系。

5．知识服务理念

长期以来，图书馆信息服务的主流是资源依赖性工作，由于信息资源分布的不均衡和信息获取的困难性，文献检索与传递服务成为用户需求的关键性服务之一。用户日益关注的是从众多的信息中获取、分析和解决他们问题的信息内容，用户需要能直接帮助他们解决问题的服务——知识服务。因此，图书馆的信息服务转向知识服务是图书馆服务理念的必然转变，也标志着图书馆的服务功能进入新的发展阶段。随着现代信息技术的发展，高校图书馆组织与管理的对象由以文献信息为单元转变为以知识为单元，图书馆的使命也由信息管理转变为知识管理。

6．学习理念

高校图书馆除了作为教学科研服务的机构之外，还有一个重要的职能就是成为用户终身教育的场所。高校图书馆必须引进先进的学习理念，强化组织结构、管理体制和馆员队伍的思想意识，建立和谐、高效的"学习型图书馆"。

（二）高校图书馆服务内容的创新

这里所说的服务内容主要是指"信息资源"的建设，高校图书馆作为教学和科研服务的文献信息中心，在重点学科建设中起着重要的文献保障作用，是教学、科研以及学科建设的重要支撑力量。因此，高校图书馆要大力推进馆藏实体资源及网络信息资源的开发与建设，努力实现高校图书馆间信息资源的共建共享，在构建重点学科文献信息资源体系的同时，注重网络信息资源知识内容的开发，为读者提供深层次的服务。

1．信息资源的共建共享

现代信息技术的迅猛发展为高校图书馆实现信息资源的共建共享提供了技术保障。只要是处在同个系统的高校之间、城市之间、地区之间，甚至国家之间都可以相互协作，分工购买信息资源以充实馆藏，并对其进行独自管理，相互借阅。面对目前的新环境和新需求，高校图书馆最直接的办法是加强信息资源的共建共享。这样不但可以促进高校文献资源建设的协调发展，更好地为教学和科研服务，而且能达到系统、地区及全国的信息资源共建共享的要求。通过高校间信息资源的共建共享，可以起到优势互补的作用，并能避免各高校由于重复建设带来的资金浪费。此外，通过信息资源的共建共享，还可以增强高校图书馆的信息服务能力，为读者提供更高质量的信息服务。随着读者对信息的需求量越来越大，文献信息量不断增长，传播速度越来越快，信息载体的形式向数字化发展，这些都要求高校图书馆必须开展信息资源的共建共享。

2. 数字化资源建设

随着网络技术的发展，无论印刷型文献信息还是电子信息，若要在计算机网络上进行自由传递，其前提条件就是将信息数字化。数字化指将各类载体信息，包括数字、文字、声音、图形、图像等都转换成计算机可识别的由0和1组成的二进制数字编码形式。

数字化资源建设包括两方面：一是把本馆印刷型文献进行数字化并放到网络上供读者检索；二是对各类电子出版物的引进。数字化信息资源的最大优势在于不仅可以节省馆藏空间，而且可以提高读者服务的效率和质量。对于数字图书馆来说，将图书馆馆藏信息数字化是必要且合理的。在将馆藏信息数字化的过程中，可先将馆藏需求量大的特色资源、图片、地图、档案等进行数字化，同时要根据读者需求引进有助于学校教学、科研的各类型数据库供读者使用。

（三）高校图书馆服务方式的创新

近年来，网络信息技术的应用改变了高校图书馆信息资源的结构和用户获取信息的方式。读者越来越倾向于利用网络的便利条件获取他们所需的信息。因此，高校图书馆应充分利用网络，积极开拓基于网络的新的服务方式。

1. 基于网络的信息传递服务

随着网络环境逐步成熟，基于网络的信息传递服务成为越来越重要的新型信息传递服务形式。与传统信息传递不同，网络信息传递的对象是数字化资源，传递速度快、质量高、范围广，而且可以节省信息传递成本。

开展网络信息传递服务需要具备一定的软硬件设施，如计算机、传真机、扫描仪等设备。高校图书馆应通过各种网络文献数据库、电子邮件、电话、传真等手段为用户提供周到快捷的信息传递服务。近年来，在高校图书馆界，中国高等教育文献保障系统管理中心在资源建设方面的统一规划和科学组织，使高校图书馆的资源共享、馆际互借、网络信息传递服务等工作得到了迅速开展。一批规模较大、馆藏丰富、人员素质较高、服务意识较强的高校图书馆发展成为我国文献传递服务的核心单位。

2．基于网络的数字参考咨询服务

数字参考咨询是以网络为媒介提供参考咨询服务的一种方式，这种服务方式在国外大学图书馆已非常普遍。数字参考咨询最基本的特点是基于网络进行的，因此，它的用户基础、咨询方式、咨询内容都发生了变化，从到馆读者发展到网上用户，从面对面的方式发展到突破时间空间的限制，从单个馆的咨询发展到合作式的参考咨询，网络技术和基于网络的信息交流在其中起着重要的作用。

按照与用户接触的方式划分，数字参考咨询可分为异步模式、实时互动模式和合作咨询模式三种类型。异步模式主要采用电子邮件、电子表单等方式实现，这是目前高校图书馆普遍采用的模式。实时互动模式就是咨询馆员与读者可以面对面交流，能及时显示图像和文字。这种方式弥补了异步模式实时性不足的缺点，为图书馆数字参考咨询服务开辟了广阔的发展前景。目前，高校图书馆实时互动式参考咨询通常利用的是聊天软件，用户通过口令和浏览器进入系统，咨询馆员实时为读者解答问题。合作数字参考咨询由许多成员馆根据协议组成，通过多个图书馆及其相关机构的互联网络，可在任何时间、任何地点为用户提供参考咨询服务。这种服务模式运用最新的信息技术和网络资源，当然还包括成员馆的丰富资源。

高校图书馆应依据自身实际情况，选择适合的参考咨询服务模式。对于那些中小型的图书馆，由于受经费、技术能力等的限制，选择异步数字参考咨询服务是可行的，也可以将数字化参考咨询与传统参考咨询结合起来为用户提供服务。那些软硬件条件、人员素质较高的大型图书馆可借鉴国外数字参考咨询服务的成功经验，结合国情，开展实时互动的数字参考咨询服务，甚至向合作式参考咨询服务发展，提高服务能力。

3．网络信息资源导航服务

互联网上的信息纷繁复杂，是一个没有组织的虚拟体，大量有价值的信息散步在信息的海洋中。用户虽然可以通过搜索引擎等网络检索工具查找所需要的信息，但是对信息质量及信息利用的整体考虑较弱。建立网络信息资源导航的目的就在于为用户提供特定学科范围或某一主题网上信息资源的集合，便于用户获取信息，减少用户查找信息的时间，使用户能够更加快捷、方便地进行信息交流与科学交流。高校图书馆应充分发挥自身专业特长，根据本校的学科分布特色，有针对性地收集、整理信息资源，并进行筛选、鉴别，为用户提供分学科的网上信息导航。

4．个性化网络信息服务

个性化信息服务是为用户"量身定制"的服务，能够主动将用户所需的信息推送给用户。个性化的网络信息服务是高校图书馆创新服务的一种有效形式，是高校图书馆以读者为中心的具体体现，是提高服务质量和服务水平的重要手段和有效途径。

（四）高校图书馆人力资源管理的创新

馆员的素质是高校图书馆提供高质量服务的根本保证。在图书馆的服务中，图书馆馆员作为知识和智力的载体在图书馆生存和发展中成为首要因素，优秀的图书馆馆员成为图书馆最重要的资源。因此，高校图书馆应不断推进人力资源管理创新，改革管理体制，激发馆员的积极性，提高馆员的素质，以保证创新活动的顺利进行。

1. 设立学科馆员制

设立学科馆员制，就是要让学科馆员定期下到院系，向院系的师生介绍图书馆关于本学科新资源、新服务，要深入各学科，了解教学科研人员对专业文献信息的需求，有针对性地对学科专业文献信息进行收集、整理、分析、研究，并进行相关创新知识的整合，主动为各学科读者和课题研究人员提供高水平、深层次的信息服务。学科馆员的设立为那些既具有专业学科知识，又有一定的信息服务技能的馆员提供了发挥他们特长的空间，能激励他们对专业领域学术的研究，不断提高自身的专业素质，同时也在整体上促进了整个图书馆服务人员素质的提高。

2. "以馆员为本"的激励机制

"以馆员为本"主要是针对图书馆的管理者来说的，高校图书馆的管理者不仅要有"以用户为本"的思想，而且要有"以馆员为本"的思想，充分调动馆员的积极性，从而激励他们不断地进行创新。只有通过激励机制，奖勤罚懒，按业绩、按劳动量和创造性进行合理分配，才能使馆员在工作中真正发挥对工作的积极性和创造性，更好地为读者服务。

高校图书馆建立激励机制的具体方式有：物质利益激励方法、个体精神激励方法和外部因素激励方法。高校图书馆在实施激励机制的过程中，要恰当地进行物质利益激励，因为这是改善图书馆馆员生活环境和生活质量的基础，也是馆员学习和工作的基础。个体精神激励方法包括榜样激励、荣誉激励、绩效激励、目标激励和理想激励。外部因素激励包括组织激励、制度激励和环境激励。

3. 完善人才培养机制

由于馆员的素质对高校图书馆的事业有着非常重要的意义，这就要求高校图书馆要重视对人才的培养，加大对人力资本的投入力度，促进馆员的知识更新和技能提高，鼓励馆员积极参与学习。建立人力资源的教育培训体系并使之制度化，将使高校图书馆的人力资源开发工作走上科学化的轨道。为此，高校图书馆要建立正常的馆员教育培训制度，使馆员把学习新知识、新技术、更新思想观念作为自己安身立命的根本，把学习和培训作为一种积极的自觉投资。高校图书馆可通过在职进修、轮岗制度、馆内培训和外出学习等方式对馆员进行再教育。高校图书馆有责任为员工提供一个高效的、可以不断学习的环境，使图书馆馆员能随时利用各种学习机会，进修专业知识，这样不仅能使馆员提升个人综合素质，而且能使高校图书的整体人力资源水平有大幅度提高。

总之，高校图书馆只有不断地创新和完善人力资源管理，树立"以馆员为本"的理念，吸引和培养一批具有创新能力和创新精神的高素质人才，才能适应新形势的要求，实现自身的可持续发展。

二、智慧时代高校图书馆服务创新的模式

（一）高校图书馆移动服务模式

随着移动网络的普及，社交网络与智能手机等一系列技术的进步共同掀起了信息资源的移动共享浪潮，社交本地移动功能在高校图书馆移动服务中的应用越来越广泛。

1. 移动环境下高校图书馆用户的信息需求

信息需求是个体遇到问题时的一种心理状态，是已经转化了的、具体的、可操作的请求。信息需求是信息行为产生的前提和基础，只有当其达到一定强度时，信息需求才会转化为信息动机，以驱使其采取某种行为实现自己的目标。信息服务就是针对用户的信息需求将开发好的、整理好的信息产品以方便的、准确的形式传递给用户的活动。

高校图书馆的信息服务模式已经从以图书馆系统为中心逐渐演变成以用户为中心的服务模式。诚然，高校图书馆的移动服务不仅包括虚拟平台上的服务，而且包括物理空间上的服务，但是在移动互联网的背景下，高校图书馆移动服务的终极目的仍是移动信息服务。至此，高校图书馆开展个性化移动服务的首要任务就是要了解其用户的信息需求。高校图书馆的用户主要由大学生和教师构成，因而其移动服务也要围绕这两个用户群开展。

（1）移动环境下大学生的信息需求

大学生通过移动网络对具有时效性的信息需求很强烈，如图书馆的通知与公告、借阅信息提醒、自习座位实时状态、招聘信息、就业资讯等。移动环境除了能够帮助大学生明确信息需求，方便、快捷地主动获取所需信息外，还有助于其对隐性的信息需求进行挖掘。移动网络使学生更乐于被动地接受信息，他

们通过移动平台浏览推送信息，在此过程中，隐性的信息需求被转化为明确的信息需求。

（2）移动环境下高校教师的信息需求

在大学课堂上，高校教师将理论与实践相结合其信息需求更偏向主动获取，他们的信息需求主要包括对学科专业知识的需求、对实践技能的需求以及对时事信息的需求。

移动网络的发展与推广使高校教师的信息需求同样具有实时性与即时性。由于工作繁忙，教师更希望根据需要随时随地都能获取信息，并且非常需要即时获取学科专业的最新动态与科研成果。为了使大学生的课堂更加和谐，高校教师也需要了解更多的时事要闻与新闻动态。

总之，高校图书馆通过移动服务，能够让用户真正实现在任何时间、任何地点都能获取信息的愿望，用户通过高校图书馆的移动服务能尽情享受移动互联网所带来的全新阅读体验。

2．高校图书馆移动服务模式的嬗变

随着网络通信技术的发展，高校图书馆的移动服务模式不断演变与更迭。

（1）高校图书馆短信服务模式

短信是高校图书馆最早利用移动技术为读者提供服务的方式。短信服务模式对网络接入环境要求不高，不需太高的移动终端的软硬件配置，成本非常低廉，因此成为当前高校图书馆使用最为广泛的服务模式。但是，"门槛低"也就意味着短信服务只能承载少量的信息，无法承担大数据的传输。因此，目前我国高校图书馆的短信服务主要包括查询个人借阅信息、预约和续借信息、图书馆联机公共目录查询系统以及图书馆主动发布的各类信息等。

（2）高校图书馆无线应用协议网络服务模式

无线应用协议，是一种全球性的开放协议。高校图书馆能够充分揭示馆藏资源与服务，并将无线应用协议网站设计得更加友好、更具人性化。例如，通过无线应用协议平台发布图书馆的各类公告、新闻动态、书刊推荐等，支持用户进行在线资源检索，为用户提供移动阅读服务。

（3）高校图书馆客户端应用服务模式

客户端应用，就是可以在手机等移动终端上运行的软件。客户端应用操作简单、内容丰富、功能强大，用户不用输入复杂的网址，因此，客户端应用5G成为当今较为先进的一种高校图书馆移动信息服务模式。高速移动网络为高校图书馆客户端应用的发展奠定了坚实的基础，能够推动客户端应用向着更多类型、更多内容、更多功能等方向发展。但是，目前我国高校图书馆的客户端应用服务模式还处在起步和摸索阶段，提供移动客户端应用服务的高校图书馆还不多，可提供的客户端资源也不够丰富。

（4）高校图书馆移动信息服务云平台模式

移动环境下，用户对信息资源内容与个性化服务水平的要求进一步增强，高校图书馆移动信息服务的基础就是资源建设，为了弥补单一馆藏的资源不足以及资源的重复浪费，构建安全、可靠、高效、统一的用户云平台至关重要。

因此，应从宏观上建立国家级的共享移动资源内容，通过汇集各高校图书馆订购的馆藏资源，构建电子资源内容云，建立高校图书馆间的虚拟"地球村"，使各高校图书馆能够实现资源共享，共同使用移动数字云资源库。高校图书馆通过云内容按需为用户提供全天候的移动服务。

总之，我国高校图书馆在移动服务上不断探索并取得了一定成绩，但真正推出移动服务的高校图书馆仍数量有限且社会覆盖率还有待提高。我国高校图书馆应根据本馆实际情况，开发符合不同用户信息需求的服务模式与创新服务内容。

3．高校图书馆移动服务创新

（1）移动借阅服务

手机阅读已成为多数大学生的阅读方式。手机阅读这种碎片化的阅读模式，作为移动阅读的重要组成部分已经超过了传统纸质阅读与电脑阅读，冲击着整个阅读市场。

移动网络与智能手机的普及为移动阅读带来了更多机会，高校图书馆用户无疑是移动阅读的重要人群，因此，高校图书馆应该发挥自身阅读资源丰富的优势，建设本馆特色资源（学位论文、会议论文、专利文献等）保障体系，大力发展移动借阅服务，以满足用户的移动阅读需求。

（2）视频教育服务

视频教育由来已久，但受限于软硬件条件，原来的视频教育都是通过电视或电脑来实现的。随着5G网络、家庭与公共场所无线网络的普及，用户通过手机等移动终端在线看视频的网速限制已经得到初步解决；智能手机与移动设备的性能提升也为移动视频播放创造了条件；移动视频客户端的优化给用户带来了更好的视觉体验。当前的视频教育已经移植到手机等移动终端上，5G网络可以保证视频更加清晰、内容更加丰富、传输更加及时，真正实现高校教育视频的实时发布。

与国内商业网站提供的教育类视频相比，高校图书馆在视频教育的来源与内容方面存在绝对优势。高校图书馆的视频教育主要包括三种：第一种是高校学科的专业课视频；第二种是高校图书馆自身用户的培训视频；第三种是高校图书馆的可视化参考咨询视频。通过移动互联网，高校图书馆可以随时随地根据用户需求向用户提供各类视频教育资源，努力构建独特的移动视频教育服务平台，提升本馆的移动信息服务水平。

（3）移动付费服务

高校图书馆是公益事业，不会以营利为目的，但借助移动网络以及移动付费平台进行移动支付可以为用户利用高校图书馆的特定服务提供方便，免去需要用户亲自来图书馆交费的麻烦，实现高校图书馆各项移动信息业务的实时交互。

（4）移动社交网络服务

社交网络服务是为一群拥有相同兴趣的人创建的在线社区，现已成为移动互联网较为普及的应用，是当前高校图书馆用户主要的沟通与交流方式之一。随着数字出版的发展，科研成果的发布已不再局限于期刊发表，越来越多的学术成果开始通过开放获取平台和社交网络进行快速传播与评价，引发了科学计量学的新革命，即基于使用学术社交网络的学术影响力评价理论应运而生。可见，社交网络对大学生，尤其是高校教师而言，更有助于学术交流。为了满足用户的上述信息需求，高校图书馆的移动服务需要将各种社交本地移动应用整合到自身服务中。

（5）个性化推送服务

随着科学研究进入第四范式，即数据密集型科学范式，大数据时代已真正来临。高校图书馆拥有的大数据包括图书馆大量的结构化馆藏数据资源和图书馆大量用户的非结构化数据。随着移动互联网的逐步推广与普及，高校图书馆的数据会随之大量激增，因此需要图书馆具备处理大数据的能力。通过对大学生和教师用户大数据的分析与挖掘，高校图书馆可以准确推测用户的信息需求，做到真正意义上的个性化推送服务。

图书馆的服务本质和社会使命即任何用户在任何时间任何地点均可以通过任何设备获取图书馆拥有的任何信息资源，这也是高校图书馆服务的根本。移动互联网技术与社交本地移动功能的发展使高校图书馆服务的梦想正稳步走进现实。当前，我国高校图书馆的移动服务已经开展了多年，由于各种移动终端、移动网络并存，我国高校图书馆的移动服务模式仍处于各种模式并存的状态，发展还比较缓慢、普及率也不高，但移动互联网为高校图书馆的移动服务带来了新的契机。高校图书馆应紧扣国家大力发展移动互联网的时代脉搏，时刻保持技术敏感度与服务竞争力，开发符合本馆用户信息需求的移动服务模式与创新服务内容，并将理论付诸实践。

（二）高校图书馆信息共享空间服务模式

随着计算机技术、多媒体技术、网络技术、现代通信技术的发展，人们的学习方式和接受信息的方式发生了重大变化，对学习环境强调更多的是协作性和共享性。在这种环境的要求下，高校图书馆"以用户为中心"的信息服务理念，即基于用户的信息需求、以满足用户信息需求为目标的信息服务理念应运而生。20世纪90年代初，美国高校图书馆界为了满足高校各学科研究和学习的需求，发展了一种新型服务模式——信息共享空间。最初的信息共享空间只是一个供学生写论文和编程的电脑学习室。经过多年的发展，现在信息共享空间已经发展成为一个可以为用户提供各种信息集成服务的场所，成为美国高校图书馆备受用户欢迎的主流服务模式，为构建我国高校图书馆的信息共享空间提供了理论和实践上的指导。

1. 信息共享空间的模式

尽管信息共享空间已经成为美国高校图书馆的主流服务模式，但对信息共享空间模式的研究，学者和专家各有自己的观点，其中代表性较强的有两层次模式和三层次模式。

（1）两层次模式

该模式认为，信息共享空间是以数字化信息资源环境为背景、为信息供需双方特别设计的一个协同工作空间，它可以使用户与馆员、用户与用户之间进行显性和隐性知识的交流，通过对组织、技术、资源和服务进行有效整合，满足用户的信息需求。该模式将信息共享空间划分为虚拟空间和物理空间。

虚拟空间主要是指数字资源的网络环境，使用户通过友好的图形用户界面，利用搜索引擎从各个网站获取数字信息服务。服务的内容不仅包括本馆的馆藏书目信息，而且包括各种数字信息资源。

物理空间是指通过对馆内的工作场所及提供的各种服务进行组织，为虚拟的数字资源环境提供物理空间上的支持。

（2）三层次模式

该模式认为，信息共享空间由宏观、微观和综合三个层次构成。宏观信息共享空间是指对全世界的信息，特别是网络信息资源建立起来的共享空间，这是一种广义的概念。微观信息共享空间是指一个拥有计算机或数字技术，以及各种外围设备、软件支持和网络基础设施高度集中的场所。综合信息共享空间能够集成各种数字信息资源，为研究、教学和学习提供相应的信息空间。

2. 信息共享空间的基本原则

国外有关学者认为，信息共享空间的基本原则包括四个方面：普遍性，即每一台计算机都有相同的检索界面；适应性，旨在满足所有用户的各种需求；灵活性，适应需求和技术的变化；群体性，有助于进行共同合作的场所。根据国外信息共享空间的理论和实践研究，笔者认为，其基本原则由以下三个方面构成：

（1）需求动态性

随着用户信息意识的增强，用户的需求呈现动态多元化发展趋势。首先，获取信息的途径多元化，用户除自主查找、借阅书籍，更多的是依赖馆内的主动传递。其次，由于学科的交叉渗透及边缘学科的兴起，用户信息需求内容更加多元化、服务更加知识化。这就要求信息共享空间能够及时对用户的信息需求做出反应，采用先进的信息服务技术来满足用户的动态需求。

（2）服务集成性

信息共享空间是图书馆中研究、教学、学习和消遣的场所，应该为用户提供集参考咨询、多媒体服务、研究型服务和技术服务于一体的集成信息服务。用户通过集成服务机制"一站式"地获取所需信息，并以最小的代价在最短的时间内获取所需信息。

（3）知识共享性

信息共享空间能够满足用户的个性化信息需求，为用户提供能够协作和自由交换信息的共享平台。在这样一个协同工作的空间中，用户可以通过直接与用户、工作人员、技术专家进行交流获取信息，也可以利用信息共享空间中配备的各种信息设备获取网络信息资源。它是用户获取知识、共享知识以及进行知识创新的重要场所。

3. 信息共享空间的目标

无论信息共享空间采取哪一种模式，它在高校图书馆中的应用要实现的目标有以下几种：第一，提供一站式、个性化服务，以满足用户的信息需求；允许用户自由选择并获取硬件设备、软件资源以及网络信息资源，充分利用图书馆资源。第二，用户可以从图书馆馆员、计算机专家以及多媒体工作者那里获得各种帮助和咨询服务，在信息共享空间工作人员的指导下进行学习和研究，充分体现了图书馆"以用户为中心"的服务理念。第三，强调集中式学习研究，为用户提供一个良好的学习、研究和交流的空间。第四，培养用户检索、评价和使用信息的能力，从而提高用户的信息素养。第五，作为协助用户学习和进行知识管理的工具，提高用户进行知识创造的能力。

4. 面向集成服务的信息共享空间的构建

（1）信息共享空间的战略规划

信息共享空间提供的信息服务模式应该是各部门之间以整体优化的方式提供的服务功能。因此，在战略规划上要强调各部门之间在功能上的协作，减少组织管理层次，使组织机构体系逐步呈扁平的网状管理结构，促进部门之间的沟通和协作，使高校图书馆的管理工作更加高效化。

信息共享空间的信息服务充分考虑了用户的需求特点，以分布式、多样化数字信息资源的整合为出发点，充分体现了高校图书馆的服务特征。

（2）信息共享空间的构建要素

①物理空间

对于信息共享空间，首要的目的就是为用户提供一个舒适的学习环境和交流的物理空间。空间的构建可以是多媒体电子教室、供小组交流的讨论室、提供研究的咨询区、进行独立创作的单独研究室等。由于每个人都有自己的学习方式和习惯，因此在构建物理空间时，要充分考虑到每个用户的需求。

②资源

信息共享空间是集信息资源、各种软硬件设施于一体的综合性服务模式。除提供传统的馆藏资源（如印刷型图书、资料和工具书）外，信息共享空间必须具备丰富的电子资源（如电子期刊、电子图书）、专业数据库、多媒体文件以及网络等信息资源。

在硬件方面，信息共享空间不仅要具有计算机、通信设备（有线连接和无线连接），而且要提供复印机、打印机、扫描仪、摄像机、投影仪等外围设备。硬件设施包括在物理空间中配置的各种舒适的桌椅、沙发等家具设施和宽敞的休息室。在软件方面，要求具备获取电子资源的软件，同时要提供各种办公软件和多媒体播放软件。信息共享空间的工作人员必须不断地更新各种电子资源，根据用户的实际需求增设各种软硬件设施，这样才能保证信息共享空间成为知识管理和提高用户信息素养的个重要场所。

③服务

在数字化环境下，要求信息共享空间提供的服务是集传统的图书馆服务与数字图书馆服务于一体的集成服务。通过对信息技术、信息资源、服务功能、服务人员、服务机构等各种信息服务要素进行整合，实现整体功能的优化，使用户得到动态的、全方位的、多层次的、多元化的信息服务，用户只需要在信息服务台就能够获取一站式的信息服务。

服务功能主要包括：文献借阅传递服务、信息检索服务、数字参考咨询服务、信息发布推送服务、知识导航服务、馆际互借服务、实时咨询服务和用户教育培训服务等。具体到不同的服务，又可进行多元划分，如信息检索服务可以分为光盘检索、联机检索、数据库检索、联机公共目录检索和智能代理检索；知识导航服务可以具体分为分类导航、学科导航、主题导航和资源类型导航；用户的教育培训服务可以分为检索培训、图书馆利用培训和信息素养培训。

同时，要加强与国内外公共、高校及科研院所图书馆的合作，在联合采购、联合编目、馆际互借、公共检索、资源导航、合作咨询、联合培训等方面充分共享资源，提升高校图书馆的综合服务能力。

④人员

信息共享空间在空间、资源和服务上的实现需要相应的信息共享空间工作人员的支持，因此，人员也成为信息共享空间的构建要素。

信息共享空间人员的构成主要包括以下几个方面：

第一，参考咨询馆员，负责资源使用方面的参考咨询。

第二，信息技术专家，负责计算机软硬件和网络技术的维护与开发。

第三，多媒体工作者，为教师开发多媒体教学软件，并能指导学生进行多媒体的制作。

第四，指导教师，利用各种资源进行教学和研究，并能对学生进行一对一的指导。

信息共享空间这一服务模式对人员素质的要求较高，不仅要求工作人员具有与自己的服务相关的技能和技术，而且要具备很强的学习能力、领悟能力和实践能力，要能随着信息技术的发展和用户的需求，不断更新自己的知识结构，提高服务水平。因此，图书馆要对工作人员进行定期培训，不断提高他们的综合素质。

（3）信息共享空间的效果评价

在构建信息共享空间之后，最重要的步骤就是对这一服务进行评价，建立起以用户为中心的信息共享空间服务质量评价体系，保障信息共享空间的有效运行。评价内容应综合考虑信息共享空间的四个构建要素：物理空间、资源、服务和人员。具体方式可以是向用户发放反馈表格、进行网上调查，或是两种方式结合，正确地了解、分析和评价用户对服务质量的感受和要求。根据评价结果，可以发现服务中存在的不足，以便不断改善服务设施，改进工作方法，提高服务质量，更好地满足用户的需求。

5. 对我国高校图书馆构建信息共享空间的指导

国外有关学者指出，信息共享空间之所以能在高校获得如此大的关注并取得成功，主要有两个方面的原因：一是尽管学生拥有各种电子设备，但他们更倾向于在安静的教室里，而不是在嘈杂的集体宿舍里学习和研究；二是在查找信息时，他们更喜欢同参考咨询馆员进行面对面的交流。虽然这个概括略为简单，但是它正是强调了信息共享空间是应用户的需求而产生的，突出了其在高校图书馆的重要地位。

（1）我国高校图书馆构建信息共享空间具备的条件

高校图书馆的发展重点经历了"以资源为中心""以馆员为中心"和"以用户为心"三个阶段，每一阶段的发展都是为了向用户提供更好的信息服务。高校图书馆的不断发展和进步使其具备了构建信息共享空间的前提条件。

首先，在资源建设方面，无论是传统的馆藏资源还是网络信息资源，高校图书馆都进行了扩充建设，特别是网络信息资源的建设，为师生提供了参考咨询服务、国内外期刊数据库、光盘数据库等，使更多的网络信息资源实现了共享，促进了信息服务的网络化，更好地满足了高校师生对信息资源的需求。

其次，在馆员素质方面，高校图书馆为了满足学校的教学、科研以及社会对信息的需求，鼓励馆员用自己的知识、技术、能力为用户开展信息服务，并针对馆员培养制度提出了"学科馆员""信息导航员""知识型馆员"等相关制度。

最后，在面向用户服务方面，高校图书馆已经意识到，其所提供的信息服务应以用户需求为中心，以充分满足各种用户需求为目的，及时提供对个人有价值的、专用的信息，体现出个性化的服务模式。

（2）我国高校图书馆构建信息共享空间的策略

我国高校图书馆构建信息共享空间的策略包括以下几个方面：

①融入信息共享空间的理念

信息共享空间为独立学习、团队讨论和集体研究提供信息和场所，通过激发用户的灵感达到知识创造的目的。在图书馆的建设与管理过程中，融入信息共享空间的理念，为广大用户提供信息共享空间已成为图书馆发展的潮流。

②制定信息共享空间的规划

信息共享空间的规划对建立图书馆信息共享空间具有重要的指导意义。高校图书馆应在结合自身具备的一些软硬件条件的基础上，根据自己的馆情和用户利用图书馆的行为特点，借鉴国外信息共享空间的实践经验，以制定出满足本馆用户需求的战略规划。

③构建合理的信息共享空间服务体系

高校图书馆应综合考虑信息共享空间的四个构建要素，即对物理空间、资源、服务以及人员的设置要进行合理的分配。针对不同的用户设置规模大小不同的物理空间，同时针对用户的需求提供多元化的服务，真正实现虚拟空间和物理空间相结合。

在新的学习环境和技术条件下，用户对高校图书馆的服务内容和服务能力有着更高的要求，高校图书馆只有不断地开拓新的服务模式，才能更好地适应时代的发展。作为面向用户的信息服务模式，信息共享空间是对高校图书馆服务模式的一种创新，也为高校图书馆的发展提供了良机。在实际工作中，不同的图书馆可以根据自身的硬件设备、数字资源、服务及管理机制、人员素质和知识结构等，灵活地进行集成，最大限度地满足用户需求，推动信息共享空间的发展。

第三节　智慧时代高校图书馆阅读推广服务创新

一、高校图书馆品牌化阅读推广

（一）图书馆品牌概述

图书馆品牌是图书馆通过别具特色的资源、管理、服务等得到社会和用户认可，并以某种名称、术语、标记、符号、图案，或是它们的相互组合展现出来的图书馆形象。图书馆的特色馆藏资源、活动，与众不同的服务优势，或者是独特的馆舍环境等，都可以形成图书馆品牌。

图书馆品牌除具有品牌的一般特征外，还有其独特的内涵，即公益性、开放性、特色性和复合性。公益性是图书馆的本质属性，决定了图书馆品牌也在根本上具有公益性的特点，应以社会效益而非经济效益为主要标准；图书馆是对全社会开放的，图书馆品牌建设也应秉持开放的理念；图书馆要在日益激烈的信息服务领域赢得更多用户的支持和信赖，品牌独特性就必不可少；图书馆品牌的复合性则体现在其是多角度、多层次、多方位的组合，是表象和文化内涵的统一体。

（二）图书馆品牌建设内容

品牌建设是图书馆的重要发展战略，许多图书馆纷纷通过品牌向用户传达其发展愿景和理念。

1. 品牌创建与培育

国内外很多图书馆行业组织和图书馆都有比较强烈的品牌意识，并将品牌建设纳入日常工作中。国内图书馆的服务品牌创建与培育主要集中在阅读推广领域。特别是自图书馆"全民阅读"活动全面开展以来，阅读推广逐渐演变成图书馆的核心业务和核心活动，各种形式的读书活动遍地开花。

2. 品牌注册

品牌注册是品牌建设与营销必不可少的环节。近年来，我国图书馆的品牌注册工作也取得了一定的进步，部分图书馆不仅注册了本馆的馆标，而且为图书馆的产品、活动提出了商标注册申请。

（三）高校图书馆阅读推广活动品牌的构建

1. 品牌构建原则

品牌构建原则主要包括以下两点：

（1）个性化原则

品牌活动应该突显图书馆自身的文化特色，塑造生动、形象的品牌个性，应深得读者喜爱，具有亲和力、活力及沟通力。

（2）系统性原则

构建高校图书馆阅读推广活动品牌是系统性的工程，不仅需要具备较强的品牌意识，而且要有效地利用资源，具有长远的目标，制订详细的活动方案，并不断评估、总结活动效果，完善品牌活动的培育和管理。

2．活动品牌定位

在阅读推广活动中，品牌定位指的是塑造或者建立与目标有关的品牌形象的一个过程和结果，它可以在一定程度上反映读者参与阅读推广活动后产生的情感上的诉求。品牌定位是否准确将对活动的持续发展产生直接的影响。

3．品牌基本要素

要创建阅读推广活动品牌，高校图书馆应该对一些基本要素进行培育和完善，具体包含以下三点：

（1）活动的名称、标识

为活动起一个有吸引力的名字是创造活动品牌的关键环节。活动的名称应该容易读、容易记、听起来使人舒服。而活动的标识不仅要好看，而且要突显自己的个性、特点。

（2）活动的形式、内容

高校图书馆阅读推广活动的主要受众是大学生，而大学生具有思维活跃、富有个性、容易接受新事物等特点。所以，阅读推广活动的内容应该符合大学生的生活、心理需求，其形式应该紧跟现代化技术的步伐，积极创新，把趣味、实用、知识等性能结合起来，慢慢形成自己的特色。

（3）活动的受众面、知名度

在一定的范围内，品牌活动的受众面、知名度必须要广，才能形成品牌。所以，品牌活动的开展必须是持续、稳定的，才能赢得固定的受众，得到他们的认可，才能吸引更多读者的参与，受众面也会随之扩大，逐渐形成品牌知名度。

4．活动品牌塑造

图书馆阅读推广活动品牌的形成是逐步实现的，主要依据自身特点、读者活动的目标定位、市场品牌运作规律，并按照一定的流程进行，具体包括策划、包装、宣传、实施、跟踪报道、优化推广等方面。策划是以长远的眼光将阅读活动打造成品牌的方案和计划。包装指的是将活动固定的冠名、标识图案、周期、时间等进行形体包装。宣传是保障活动顺利开展、树立品牌形象的关键环节。实施指的是按照策划方案有序开展活动的过程。跟踪报道指的是对活动开展过程的跟踪、活动结束后的宣传。优化推广是指收集读者反馈信息，调整活动的不合理环节，并向读者推荐与活动有关的图书馆资源。

（四）高校图书馆阅读推广品牌建设

1．创意

一个优秀的品牌通常依赖于一个好的创意。一些好的创意固然可以借鉴改造，但各高校图书馆要想真正拥有属于自己标志的品牌，必须结合自身的馆情寻求创意。

2．定位

有了创意，如何定位非常关键。对于阅读推广品牌来说，定位就是品牌创建者希望品牌在预期读者大脑中扎根的程度。一个优秀的品牌就是让品牌接受者一旦接触就不再忘记。

3．投入

好的创意在定位之后要舍得投入才能成为品牌。投入包括时间、精力，以及经费，这就意味着需要投入一定的人力、物力和财力，即要准备一笔费用，让专门的人做专门的事。

4．宣传

创意要成为品牌，品牌要著名，适当的宣传是必要的。要开展宣传，就必须有宣传点。一个活动要让别人记住，必须要有值得别人记住的内容。有了这些值得记住的内容，有了宣传点，也就值得宣传，宣传也就会有成效。宣传包括自我宣传和利用媒体宣传，可以在事前进行策划，在事中与事后适时跟进。

二、高校图书馆数字化阅读推广

高校图书馆的巨大文献资源、最新的技术应用和良好的文化氛围是高校图书馆满足用户信息需求、获得用户认可的基础。在校师生正更多地选择网络寻找所需要的信息，所以高校图书馆数字阅读推广活动尤为重要。

（一）加强数字资源建设，增强读者吸引力

高校图书馆要结合自身特点及其读者的阅读倾向，建立合理的数字资源配置体系，保证数字资源馆藏能够充分满足读者的阅读需求。参阅学校各个院系图书室的专业书籍采编，并参考每位任课教师的课程参考书目，加之读者推荐购书环节的设置，逐步增大数字馆藏量，增加读者的参与兴趣。

在大量的馆藏信息资源和免费资源的依托下，高校图书馆可针对用户信息

需求进行分析，对某一学科研究专题有利用价值的信息进行数字化整理分类，形成特色数据库，具体可将珍本、善本等纸质文献或特色多媒体资料等馆藏特色文献进行数字化，然后对数字资源和网络免费资源链接整合，相关资源进行归类整合，以方便读者进行延伸性阅读。

（二）加强阅读客体分析，增强读者黏度

数字阅读推广作为一种图书馆服务，也有其特定的目标人群。在研究图书馆数字阅读推广时，需要对数字阅读推广的目标人群进行研究。高校图书馆阅读客体大体可分为：

1. 普通客体

大二、大三的学生和高校教师已经初步了解了高校图书馆的基本设施和使用流程，他们可以根据自己的需求快速检索到文献并完成图书的借阅，针对这类目标人群，高校图书馆数字阅读推广活动应趋向于以专业性电子教案数据库完善、数据库讲座和有奖知识问答的形式，加强读者的参与度，增强读者黏度。根据重点学科、重点课题，对国内外该研究领域的新观点、新思潮、新动向进行跟踪，提供定性、定量的专题报告和论点汇编，以辅助科研。加强与各高校、各组织机构之间的合作，在互利互惠的基础上，通过馆际互借、文献传递、联合参考咨询、联合建库、集团采购等方式实现资源的共建共享，在缓解资金短缺问题的同时能更好地满足读者需求。充分利用公共网络信息资源，加强网络信息资源的整合与开发，建立学科信息门户，为读者提供统一的检索入口和服务平台，有效提高网络信息资源的整体利用效率。

通过强有力的宣传，使高校读者认识阅读的重要性，了解数字图书馆的魅力，从而使读者主动参与到数字资源的阅读当中，体验阅读带来的乐趣，营造出良好的校园数字阅读氛围。

2. 特殊客体

大一新生初入校门，对图书馆的规章制度、服务项目、设备设施和检索技能不够熟悉，缺乏图书的分类检索知识，甚至在图书馆找书都有困难。针对这一现象，文献检索课程与相关选修课的设置就成为重中之重，新生入学培训、图书馆基本信息介绍也是快速的推广途径。图书馆网站相关功能的介绍和文献图书信息资源的检索方式都是图书馆首要的推广内容。这时的图书馆网站就不能局限于日常信息的推广，更应该注重新生入馆前的培训宣传。

大四毕业生也是高校中的特殊人群，他们为踏入职场做积极准备，对基本技能类知识的需求增大，加之毕业论文和答辩让其对相关的专业知识和资源的需求量加大，专业技能类资源的推广则成为首要任务。针对这一特殊性，高校图书

馆应充分利用数字资源，有效地组织相关信息，将海量的信息进行整理、遴选、重组，形成一个专业性更强、更有深度的信息库，便于读者浏览和使用。

（三）增强体验式阅读推广，让读者参与其中

互联网环境下，每个人都是知识的需求者，同时也是知识的输出者，想要阅读的人，可以找到需要的阅读资源，也可以发布阅读资源、传播知识，实现个人价值的最大体现与提升。所以开展高校图书馆数字阅读推广活动应成为常态，并加强数字资源的体验式阅读推广，让更多的读者参与到数字阅读推广中。

数字推广媒介将体验式数字阅读推广简单化，读者可以实时交流阅读体验，也可以在线提出相关阅读问题，让读者直接参与数字阅读推广中，并及时反馈、交流经验，让数字资源"活"起来。

图书馆网站数据库的建设也应注重增强读者对体验式阅读、分类浏览、读者荐购、热门借阅、热门评分的满意度，真正地让读者成为数字阅读推广者；也可以分享发布自己整理收集的优秀的数字资源，在网站上管理自己的个性数字图书馆，并可以推荐分享给其他读者，真正做到资源共享。

三、高校图书馆多元化阅读推广

近年来，阅读推广服务已成为高校图书馆与国际接轨的重要举措。随着阅读推广服务的进一步深化，阅读推广的服务机制越来越完善，形式越来越多样，阅读推广的宣传方式越来越深入人心，阅读推广的内容也越来越丰富。对于馆员而言，阅读推广的途径更多元化，阅读推广的范围、内容日趋繁杂分散；对于读者来说，阅读选择的渠道更加多样，从图书、电子阅读器、网页阅读，发展到手机移动阅读等多种媒体阅读并存的多元时代，促使阅读推广服务形式愈加多元化。

（一）高校图书馆多元化阅读推广模式

1. 高校图书馆多元化阅读引导模式

（1）资源共享平台的阅读引导模式

采用远程网络通信技术，将区域内甚至全国范围内各馆文献资源进行整合，通过统一的资源共享平台，提高阅读时效，可最大化地引导读者阅读。联合协作的共享模式不仅可以满足读者阅读文献的需求，而且对读者的阅读方式、阅读范围和阅读倾向也起到良好的引导作用。

（2）移动图书馆阅读引导模式

移动图书馆可实现移动检索和碎片化阅读。检索是获取阅读信息的基础，

碎片化阅读是手持移动终端阅读的主要形态。读者借助手机、平板电脑等便携式阅读终端，对以电子版方式在互联网上出版、发行的文本信息、音频、视频、数据等多种信息形式的内容进行有线下载或无线接收，最终实现阅读。

（3）学科服务阅读推广模式

学科服务是图书馆面向院系部开展的一种全方位、多层次的联动服务，运用学科服务模式引导阅读是图书馆将学科服务和阅读推广相结合的探索。高校图书馆可以借助移动平台，面向院系部师生开展一系列的阅读互动，邀请院系部教师和学生代表参与图书馆选购图书，定期推荐优秀图书，利用学校的学术论坛、各类培训嵌入各类资源检索与利用的技巧，组织学生团体举办各类型的读书活动等。

（4）系列阅读推广活动引导模式

高校图书馆可以开展一系列的书目推荐活动，精选一些关于医学、历史、人文等方面的优秀读物，以书籍介绍、读书心得等形式，利用图像、视频、网络等多媒体技术手段推荐给师生，引导他们阅读。

2．高校图书馆多元化阅读推广模式的构建

（1）推进专业阅读推广，强化阅读推广效果

第一，设立专业阅读推广工作岗位。在图书馆成立专业的阅读推广服务部门，创建专职工作岗位来开展系统和专业的阅读推广工作，宣传、策划、开展极具专业性和吸引力的阅读推广活动。同时，设立学科联系人或学科管理员，主动走进系部开展专业阅读推广活动，将图书馆相关服务信息及时传递给各系部，同时也能够及时了解各系部的阅读需求，有助于图书馆开展有针对性的专业阅读推广。

第二，开展系列专业阅读推广活动。在组织开展面向广大师生的阅读推广服务的同时，突出高校图书馆在强化高校师生学术创新与研究的支持作用、深化人文素养作用，创新阅读推广方式，开展系列专业阅读推广，培养广大师生的专业阅读素养和阅读兴趣，提高专业阅读技能。例如：通过书展、图片展、读书交流会、讲座、辩论赛、知识竞赛、摄影展等形式多样的阅读推广方式，结合各系部学生的专业阅读需求，开展专业阅读推广，培养广大师生的专业阅读能力和阅读素养，进而提升高校的教学与科研水平。

（2）加强数字化阅读模式的推广

新媒体的出现已经明显改变了当代大学生乃至全民的阅读习惯和阅读行为，高校图书馆应该紧跟时代的潮流，将阅读推广的模式与新媒体紧密结合，让传统阅读推广模式与数字化阅读推广模式齐头并进、相互融合，这对阅读推广将会有很大的帮助。

（3）提高高校图书馆阅读推广的范围和深度

高校图书馆要完善图书馆校内部门间的联合和校外区域联盟，从以下两个方面提升图书馆阅读推广的范围和深度：

一方面，高校图书馆要通过与校内多部门，如校宣传部、团委、教务处、各院系、学生会等联合，开展创新系列阅读推广活动，让广大师生参与进来，为广大师生营造一个良好的阅读环境；另一方面，高校图书馆要建立高校之间、高校与区域内公共图书馆之间、高校与区域内行政部门和相关社会团体之间的区域联盟，实现资源共享，进行阅读推广，从而提升阅读推广的范围和深度，扩大阅读推广活动的影响力。

（二）高校图书馆多元化阅读推广创新

1. 开展特色创客空间

图书馆是进行创意项目的创新工场，它推动图书馆创新变革，增强图书馆为读者服务的能力，展示图书馆的发展活力。

大数据环境下，嵌入创客群体的信息服务是在新范式概念中衍生出来的一种新型服务模式，各图书馆可以设立专门的创客空间，购置专门的3D打印机、手持机床、小型五金机床等。创客空间不单是购买了设备、有了活动的场地，它还引入了"创造"的概念，向读者传递出图书馆对新技能的接纳，拓展了为读者服务的思路。

创客空间和创客文化能够激发读者对新知识、新技能的热情学习，为图书馆注入更多的活力，是增强图书馆阅读多元化服务能力的更好体现。

2. 完善多元化阅读平台建设

（1）高校内部建立自助阅读组织、阅读交流专栏等推进阅读推广。高校在校学生建立自主自助的读书组织，图书馆在文献资源上给予保障，这样有利于大学生提高阅读效率，交流读书心得，提升阅读兴趣。图书馆可以利用校园内宣传栏开设阅读交流专栏。专栏内部讨论读书心得、新书推荐等，大家畅所欲言，开放自由地交流。

（2）建立网络图书馆，促进高校师生和社会大众的阅读。首先，利用图书馆网站进行图书推荐，并提供阅读服务。其次，建立新媒体电子平台，开展阅读推荐活动，如发布最新书目、文化讲座、征文等信息。

（3）建立阅读论坛、阅读贴吧，进行阅读推广。高校图书馆利用网络及新媒体终端建立论坛、贴吧，设置各种专题版块，让读者广泛交流、分享，提升读者的阅读兴趣。

参考文献

［1］曹静．高校智慧图书馆建设与应用研究［M］．中国商务出版社，2019．

［2］曹瑞琴．高校图书馆学科服务与智慧化建设［M］．吉林出版集团股份有限公司，2020．

［3］陈陶平，赵宇，蔡英．现代高校图书馆管理与服务探究［M］．九州出版社，2018．

［4］程显静．图书馆建设与发展研究［M］．北京：华龄出版社，2018．

［5］高沛豪．融合与创新：高校图书馆智慧化服务的未来走向．山西青年，2019（14）：171．

［6］胡玮璇，赵树宽．高校图书馆学科化管理与教育实践分析——评《图书馆资源管理与档案服务创新》［J］．中国教育学刊，2019，（12）：142．

［7］扈小鹿．高校图书馆智慧转型中的管理问题研究［J］．环渤海经济瞭望，2020，（05）：130．

［8］黄亚平．高校图书馆智慧化服务创新研究［J］．河南图书馆学刊，2018，38（07）：39-41．

［9］李锦锦．高校图书馆科学数据服务创新路径研究［J］．文化产业，2021，（18）：105—106．

［10］刘建平．高校智慧图书馆建设路径研究［J］．吉林工程技术师范学院学报，2020，36（10）：66—68．

［11］刘巧英．面向创新创业的高校图书馆服务能力体系再构建［J］．高校图书馆工作，2021，41（204）：59—63．

［12］刘旭晖．云环境下高校图书馆智慧管理系统模型构建与功能实现［J］．农业图书情报，2019，31（10）：46—53．

［13］陆丹晨．高校图书馆管理的创新性研究［M］．石家庄：河北人民出版社，2018．

［14］吕颖．基于用户需求的高校图书馆智慧化学科服务模式构建［J］河南图书馆学刊，2020，40（06）：61—63．

［15］孟银涛．泛在环境下高校智慧图书馆研究［M］中国农业大学出版社，2018．

［16］孙卫平．高校图书馆终端数据库共享化管理服务微创新——以西南财经大学为例［J］．四川图书馆学报，2018，（223）：53—56．

［17］谭少丽．创新视角下的高校图书馆智慧化服务模式构建探讨［J］．桂林航天工业学院学报，2021，26（01）：131—134．

［18］谭映媛．高校图书馆智能化和智慧化的研究［J］．内蒙古科技与经济，2020，20（462）：130—131．

［19］王慕抽．高校图书馆大数据应用研究——以温州大学图书馆为例［J］．中国科技信息，2020，（08）：81—83．

［20］王以靖．创新教育背景下的高校图书馆智慧服务模式分析．湖北开放职业学院学报，2021，34（05）：3—4．

［21］温兰．高校智慧图书馆建设研究［M］．长春：吉林科学技术出版社，2019．

［22］吴爱芝．大数据时代高校图书馆智慧化学科服务研究［M］．海洋出版社，2018．

［23］吴志强，杨学霞．智慧图书馆的研究与实践在中国的发展［J］．图书情报工作，2021，65（04）：20—27．

［24］谢薛芬．浅谈高校图书馆工作［M］．浙江工商大学出版社，2018．

［25］许惠，娄家星，程川生．智慧化背景下学生参与图书馆管理的实践与思考［J］．河南图书馆学刊，2021，41（01）：86-88．

［26］严潮斌，李泰峰．高校图书馆资源与服务体系建设研究［M］．北京：北京邮电大学出版社，2015．

［27］杨鹃．高校智慧图书馆建设与应用研究［M］．咸阳：西北农林科技大学出版社，2020．

［28］杨琳．高校图书馆管理与阅读服务模式创新［M］．长春：吉林人民出版社，2019．

［29］杨启秀．高校图书馆管理与服务创新研究［M］．北京：国家行政学院出版社，2018．

［30］杨小敏．新媒体环境下的高校图书馆阅读推广服务创新［J］．参花（上），2021，（08）：129—130．

［31］杨永华．智慧时代高校图书馆服务创新与发展研究［M］中国原子能出版社，2020．

［32］姚咏红．基于智慧管理平台的高校图书馆岗位模式构建研究．信息记录材料，2021，22（03）：203—206．

［33］于红，李茂银．高校图书馆管理与服务创新研究［M］．长春：吉林人民出版社，2019．

［34］张丰智，李建章．"双一流"建设背景下高校图书馆建设与服务［M］．北京邮电大学出版社，2019．

［35］张晋华．技术驱动环境下高校图书馆智慧服务推进路径——以山西大学商务学院图书馆为例［J］．图书馆学刊，2021，（02）：59—63．

［36］张晓鸣．高校图书馆学科服务与多元化创新模式思考［J］．忻州师范学院学报，2021，37（03）：128—131．

［37］赵倩．云环境下高校图书馆智慧管理系统模型构建与功能实现［J］．才智，2020，（14）：245．

［38］郑杰雄．智慧图书馆环境下高校图书馆精细化管理研究［J］．兰台内外，2020，（01）：63—64．

［39］郑幸子．高校图书馆管理与服务创新［M］．长春：吉林大学出版社，2018．

［40］郑志军，杨红梅．高校图书馆管理创新研究［M］．成都：电子科技大学出版社，2014．

［41］周娜．高校智慧图书馆知识服务研究［M］．中国国际广播出版社，2010．

［42］周甜甜．高校图书馆管理与读者服务研究［M］．延边大学出版社，2019．